文部科学省後援

実用フランス語技能検定試験

2023 年度版

２級・準２級

仏検公式ガイドブック

傾向と対策＋実施問題

フランス語教育振興協会編

公益財団法人フランス語教育振興協会

音声について

本書の音声は、下記サイトより無料でダウンロード、
およびストリーミングでお聴きいただけます。

https://stream.e-surugadai.com/books/isbn978-4-411-90304-4/

＊ご注意

・PC からでも、iPhone や Android のスマートフォンからでも音声を再生いただけます。
・音声は何度でもダウンロード・再生いただくことができます。
・

別売 CD について

無料音声ダウンロードと同じ内容の別売 CD（1 部 2 千円税・送料込）をご用意しております。ご希望の方は、級・住所・連絡先を記入のうえ、仏検事務局まで現金書留をお送りください。

公益財団法人フランス語教育振興協会　仏検事務局
〒102–0073　千代田区九段北 1–8–1 九段 101 ビル

まえがき

21 世紀はグローバル化の時代といわれます。そうであれば、世界から孤立せず、世界と対話し、平和で豊かな未来を切り拓くために、今こそさまざまな外国語をマスターしていくべきではないでしょうか。現代は多言語・多文化の世界へと移行しつつあり、そのなかでお互いを尊重しながら共生を目指すことが要請されているのです。英語一辺倒の方針では限界があるのは明らかでしょう。

世界の言語のなかでもとりわけフランス語は、フランスだけでなく、いくつもの国々や地域で話され、また、国連をはじめとする国際機関の公用語としても使われている重要な言語のひとつです。さらに、フランス語は、人類にとって普遍的な価値や独創的な文化を担ってきた言語でもあります。2021 年に東京で開かれたオリンピック・パラリンピックは、2024 年にはパリで開催されますが、とりわけオリンピックの第一公用語はフランス語です。開会式では、開催国の言語のほかフランス語と英語で出場国が紹介されますが、その際、最初にアナウンスされるのはフランス語なのです。2024 年には、多くの人々がパリを訪れるでしょう。皆さんもこれを機にフランス語を学び、ぜひフランスに触れてみてください。たとえ現地に行かなくとも、いまはインターネットなどさまざまなコミュニケーションの手段があります。かならずや多くの貴重な体験が得られるはずです。

ビジネスの世界では、フランス語圏の企業が次々に日本に進出してくる一方、日本の企業もフランス語圏に広く展開しています。トヨタ、ユニクロ、無印良品のフランス進出などはその典型的な例です。いまや英語ができてあたりまえとされるビジネスの世界にあって、さらにフランス語も使いこなせるとなれば、チャンスがさらに広がることはまちがいないでしょう。他方、フランス語をマスターしてアフリカ諸国で国際協力、援助活動に従事している人も少なくありません。このようにフランス語を学び使いこなせるようになることは、自分の人生をより豊かに生きる道につながります。

日本の学習者を対象とし、文部科学省とフランス大使館文化部の後援を受けて、1981 年以来実施されている「仏検」は、フランス語を聞き・話し・読み・書く能力をバランスよく客観的に評価する検定試験として、ますます高い評価を受けています。1級・準1級・2級・準2級・3級・4級・5級の7段階を合わせて、これまで累計90万人以上が受験しています。また、大学の単位認定や編入学試験、大学院入試等に利用されるケースも多くなっています（多数の学生が受験している学校のリストが巻末にありますので、ご参照ください）。

本書は、2級・準2級の「傾向と対策」と2022年度春季・秋季に実施した試験問題、およびそれについてのくわしくていねいな解説と解答を掲載した公式ガイドブックです。

なお、書き取り・聞き取り試験の音声を無料でダウンロードすることができます（別売のCDをご希望の方は、仏検事務局までお問合せください）。

本書の執筆分担は以下のとおりです（* は各級の監修者）。

2級：上杉誠・松村剛 *
準2級：足立和彦・金澤忠信 *

また、本書の別冊として、これまでの実施問題を精選して詳細な解説を施した『セレクション』が級毎に刊行されています。フランス語の実力アップと仏検合格のために、2つの公式ガイドブックをどうぞご活用ください。

2023年3月

公益財団法人　フランス語教育振興協会

目　次

実用フランス語技能検定試験　実施要領

実用フランス語技能検定試験（仏検）は、年2回、春季（1次試験6月・2次試験7月）と秋季（1次試験11月・2次試験1月）に実施しております。ただし、1級は春季のみ、準1級は秋季のみの実施です。

2次試験は1級・準1級・2級・準2級の1次試験合格者が対象です。なお、隣り合う2つの級まで併願が可能です。

また、出願の受付期間は、通常、春季は4月から5月中旬、秋季は9月から10月中旬です。

◆ 各級の内容

1級（春季のみ）	《1次》	筆記試験（記述式・客観形式併用）	120分
		書き取り・聞き取り試験	約40分
	《2次》	面接試験	約9分
準1級（秋季のみ）	《1次》	筆記試験（記述式・客観形式併用）	100分
		書き取り・聞き取り試験	約35分
	《2次》	面接試験	約7分
2級	《1次》	筆記試験（記述式・客観形式併用）	90分
		書き取り・聞き取り試験	約35分
	《2次》	面接試験	約5分
準2級	《1次》	筆記試験（記述式・客観形式併用）	75分
		書き取り・聞き取り試験	約25分
	《2次》	面接試験	約5分
3級		筆記試験（客観形式・記述式）	60分
		聞き取り試験	約15分
4級		筆記試験（客観形式）	45分
		聞き取り試験	約15分
5級		筆記試験（客観形式）	30分
		聞き取り試験	約15分

◆ 受験地（2023 年度春季〈予定〉）

1 次試験　札幌、弘前、盛岡、仙台、秋田、福島、水戸、宇都宮、群馬、草加、千葉、東京、横浜、新潟、富山、金沢、甲府、松本、岐阜、静岡、名古屋、京都、大阪、奈良、松江、岡山、広島、高松、松山、福岡、長崎、熊本、別府、薩摩川内、沖縄、パリ

2 次試験　札幌、盛岡、仙台、群馬、東京、新潟、金沢、静岡、名古屋、京都、大阪、松江、岡山、広島、高松、福岡、長崎、熊本、沖縄、パリ

＊上記の受験地は、季ごとに変更となる可能性があります。また、会場によって実施される級がことなる場合がありますので、くわしくは、最新の仏検受験要項・願書または APEF のホームページをご覧ください。

＊最終的な受験地・試験会場の詳細は、受験票の発送をもってお知らせします。

◆ 出願方法　下記の 2 つの方法からお選びください

1. **インターネット申込**：詳細は APEF のホームページをご覧ください。
2. **郵送申込**：受験要項・願書を入手→検定料納入→願書提出、の順でお手続きください。

＊全国の仏検特約書店・大学生協では願書・要項を配布、あわせて検定料の納入を受け付けております。

＊願書・要項は仏検事務局へ電話・E-mail 等で請求なさるか、APEF ホームページよりダウンロードして入手なさってください。

◆ 合否の判定とその通知

級によりことなりますが、60～70％の得点率を目安に出題するように努めています。各級の合格基準は、審査委員会がさまざまな条件を総合的に判断して決定しています。

結果通知には合否のほか、合格基準点、合格率とご本人の得点が記載されます。

◆ お問い合わせ先

公益財団法人　フランス語教育振興協会（APEF）　仏検事務局

〒 102-0073　東京都千代田区九段北 181　九段 101 ビル
TEL:　03-3230-1603　　FAX:　03-3239-3157
E-mail: dapf@apefdapf.org
URL:　https://apefdapf.org

2022 年度仏検受験状況

級（季）	出願者数	1 次試験			1 次試験免除者数	2 次試験		
		受験者数	合格者数	合格率		受験者数	合格者数	最終合格率
1 級	451 名	415 名	53 名	12.8%	5 名	53 名	45 名	10.8%
準 1 級	889 名	747 名	198 名	26.5%	40 名	222 名	180 名	23.3%
2 級（春）	999 名	872 名	322 名	36.9%	37 名	342 名	290 名	32.5%
（秋）	1,114 名	933 名	322 名	34.5%	38 名	343 名	303 名	31.8%
準 2 級（春）	1,215 名	1,039 名	636 名	61.2%	60 名	673 名	579 名	53.8%
（秋）	1,289 名	1,084 名	636 名	58.7%	55 名	661 名	579 名	52.2%
3 級（春）	2,229 名	1,994 名	1,055 名	52.9%				
（秋）	2,689 名	2,388 名	1,527 名	63.9%				
4 級（春）	1,704 名	1,541 名	1,148 名	74.5%				
（秋）	2,867 名	2,611 名	1,993 名	76.3%				
5 級（春）	1,353 名	1,255 名	1,011 名	80.6%				
（秋）	2,078 名	1,902 名	1,710 名	89.9%				

＊ 1 級は春季のみ、準 1 級は秋季のみ

2級

2 級の内容と程度

● 程 度

日常生活や社会生活を営むうえで必要なフランス語を理解し、一般的なフランス語を読み、書き、聞き、話すことができる。ヨーロッパ言語共通参照枠（CEFR）の B1 にほぼ対応しています。

標準学習時間：400 時間以上

● 試験内容

読　む	一般的な事柄についての文章を読み、その内容を理解できる。
書　く	一般的な事柄について、伝えたい内容を基本的なフランス語で書き表わすことができる。
聞　く	一般的な事柄に関する文章を聞いて、その内容を理解できる。
話　す	日常生活のさまざまな話題について、基本的な会話ができる。
文法知識	前置詞や動詞の選択・活用などについて、やや高度な文法知識が要求される。

語彙：約 3,000 語

● 試験形式

1 次試験（100 点）

筆　記	問題数 7 問、配点 68 点。試験時間 90 分。マークシート方式、一部記述式。
書き取り	問題数 1 題、配点 14 点。試験時間（下記聞き取りと合わせて）約 35 分。
聞き取り	問題数 2 問、配点 18 点。語記入、マークシート方式。

2 次試験（30 点）

個人面接試験	日常生活に関する質問に対して、自分の伝えたいことを述べ、相手と対話をおこなう。 試験時間約 5 分。

2級の傾向と対策

2級は、準2級とくらべた場合、要求される程度が次のようにアップしています。準2級においては「日常生活における平易なフランス語」を「読み、書き、聞き、話す」ことが求められているのに対し、2級では「日常生活や社会生活を営むうえで必要なフランス語」の理解、すなわち「一般的なフランス語」を「読み、書き、聞き、話す」ことが必要とされています。準1級のように「多様なフランス語」が求められてはいませんが、単なる日常生活のレベルは超えており、より高度な「一般的なフランス語」の運用能力が必須とされていることに注意してください。ヨーロッパ言語共通参照枠ではB1におよそ対応しています。

標準学習時間は400時間ですから、4年制大学のフランス語・フランス文学専攻課程の4年生程度が目安といえるでしょう。必要な語彙数は約3000語で、これは『ラルースやさしい仏仏辞典 Niveau 1』（駿河台出版社）に収められている単語や表現を身につけていることにおよそ対応すると考えてよいでしょう。「単語や表現を身につける」とは、単にフランス語から日本語に、あるいは日本語からフランス語に個々の単語や表現を訳せることを意味するのではありません。それらの単語や表現を使ってきちんとした文を作ることができなくてはいけません。その場合、冠詞をどう使うか、前置詞としては何が適切か、組み合わせる単語はどれが自然かといった多様な問題が出てくることは2級のレベルでは当然わかるでしょう。さらに、名詞を動詞にしたらどうなるか、形容詞や動詞から名詞を作る場合にはどういう文ができるか、フランス語のなかで似たような言い方としてどういうものがあるか、それらの使い方の相違点はどこにあるか、あるいは逆に反意語としては何があるか、といった連想をどれだけ伸ばしていけるかというのも重要な点です。そういった意味での運用能力が求められている以上、仏和辞典と和仏辞典だけに頼る習慣はやめ、仏仏辞典を日ごろからよく読むことをおすすめします。本書でも『ラルースやさしい仏仏辞典 Niveau 1』を **解説** で引用していきますから、これをきっかけにこの辞書に慣れ親しむとよいでしょう。たくさんの例文と説明をとおして基本的な語彙を確実に身につけていくと、きちんとしたフランス語を使う喜びがいっそう増すにちがいありません。

『公式ガイドブック』には「**過去問しか載っていないから対策にならない**」

と思っている人がときどきいますが、過去の問題に取り組みつつ **解説** を熟読し、『ラルースやさしい仏仏辞典 Niveau 1』の該当箇所その他をよく読んで理解し、基本的な語彙を身につけていくことこそ最良の対策になるということは経験者が語るところです。問題を解くだけでなく **解説** もたんねんに読めば、今後の出題へのヒントがそこには多く隠されていると考えるべきでしょう。

もちろん、その他の手段でもフランス語になるべく多く接するように努めるべきであることは言うまでもないでしょう。現在では従来の紙媒体の新聞や週刊誌以外にも、インターネットを通じてさまざまな種類の情報を手に入れることが可能になっています。文字だけでなく画像や音声によって受け取ることもできます。ですから、そういった手段を積極的に活用し、生きたフランス語一般に多くふれるとよいでしょう。

2 級では準 2 級にくらべて記述式の問題がふえています。受験するときには記述式の問題を念入りに解くとよいでしょう。選択式は多少不明なところがあっても推測できる場合がありますが、記述式の場合には正確なつづりを書かなくてはいけないわけですから、ふだん以上にこまかいところまで注意して解答してください。基本的な事項ですが、文頭は**大文字**で始める、**アクサン**は明確に書く（傾斜の向きがあいまいにならないようにする、アクサン・シルコンフレックスをはっきり屋根型にする）といった点もおろそかにしないでください。筆記試験の 90 分をどう配分するかは各自の得意分野によってちがうでしょうが、選択式を早めに（もちろんあわてることなく）すませ、残った時間を記述式にあてて念入りに答えるというのはひとつの有効な方法だと言えるでしょう。書き取りと聞き取りにおいてもフランス語を注意して書くことを忘れないでください。

以下、2022 年度の問題と解説・解答を熟読し、それぞれの問題にどういう対策をすればよいか、よく考えてください。

解答用紙（雛型）（67%縮小）

2022年度　秋季　実用フランス語技能検定試験（2級）筆記試験　解答用紙

会　場　名
氏　名

会場コード					
⓪	⓪	⓪	⓪	⓪	⓪
①	①	①	①	①	①
②	②	②	②	②	②
③	③	③	③	③	③
④	④	④	④	④	④
⑤	⑤	⑤	⑤	⑤	⑤
⑥	⑥	⑥	⑥	⑥	⑥
⑦	⑦	⑦	⑦	⑦	⑦
⑧	⑧	⑧	⑧	⑧	⑧
⑨	⑨	⑨	⑨	⑨	⑨

受験番号							
⓪	⓪	⓪	⓪	⓪	⓪	⓪	⓪
①	①	①	①	①	①	①	①
②	②	②	②	②	②	②	②
③	③	③	③	③	③	③	③
④	④	④	④	④	④	④	④
⑤	⑤	⑤	⑤	⑤	⑤	⑤	⑤
⑥	⑥	⑥	⑥	⑥	⑥	⑥	⑥
⑦	⑦	⑦	⑦	⑦	⑦	⑦	⑦
⑧	⑧	⑧	⑧	⑧	⑧	⑧	⑧
⑨	⑨	⑨	⑨	⑨	⑨	⑨	⑨

記入およびマークについての注意事項

1. 解答にはかならずHBまたはBの黒鉛筆（シャープペンシルも可）を使用してください。ボールペンや万年筆等でマークした解答は機械による読み取りの対象とならないため、採点されません。
2. 記入は**太線の枠内**に、マークは◯の中を**正確に塗りつぶしてください**（下記マーク例参照）。
   採点欄は塗りつぶさないでください。
3. 訂正の場合は、プラスチック製消しゴムできれいに消してください。
4. **解答用紙を折り曲げたり、破ったり、汚したりしないでください。**

マーク例

良い例	悪い例
●	◌ ⊠ ⊙ ✓ ◐ ◍

1

解答番号	解答欄
(1)	① ② ③ ④ ⑤ ⑥ ⑦ ⑧
(2)	① ② ③ ④ ⑤ ⑥ ⑦ ⑧
(3)	① ② ③ ④ ⑤ ⑥ ⑦ ⑧
(4)	① ② ③ ④ ⑤ ⑥ ⑦ ⑧

2

解答番号	解答欄	採点欄
(1)		② ⓪
(2)		② ⓪
(3)		② ⓪
(4)		② ⓪
(5)		② ⓪

3

解答番号	解答欄	採点欄
(1)		② ⓪
(2)		② ⓪
(3)		② ⓪
(4)		② ⓪
(5)		② ⓪

4

解答番号	解答欄
(1)	① ② ③
(2)	① ② ③
(3)	① ② ③
(4)	① ② ③
(5)	① ② ③

5

解答番号	解答欄
(1)	① ② ③ ④ ⑤ ⑥ ⑦
(2)	① ② ③ ④ ⑤ ⑥ ⑦
(3)	① ② ③ ④ ⑤ ⑥ ⑦
(4)	① ② ③ ④ ⑤ ⑥ ⑦
(5)	① ② ③ ④ ⑤ ⑥ ⑦

6

解答番号	解答欄
(1)	① ②
(2)	① ②
(3)	① ②
(4)	① ②
(5)	① ②
(6)	① ②
(7)	① ②

7

解答番号	解答欄
(1)	① ② ③ ④
(2)	① ② ③ ④
(3)	① ② ③ ④
(4)	① ② ③ ④
(5)	① ② ③ ④

表面

2022年度　秋季　実用フランス語技能検定試験（2級）書き取り／聞き取り　試験　解答用紙

会　場　名

氏　名

会場コード					
0	0	0	0	0	0
1	1	1	1	1	1
2	2	2	2	2	2
3	3	3	3	3	3
4	4	4	4	4	4
5	5	5	5	5	5
6	6	6	6	6	6
7	7	7	7	7	7
8	8	8	8	8	8
9	9	9	9	9	9

受験番号							
0	0	0	0	0	0	0	0
1	1	1	1	1	1	1	1
2	2	2	2	2	2	2	2
3	3	3	3	3	3	3	3
4	4	4	4	4	4	4	4
5	5	5	5	5	5	5	5
6	6	6	6	6	6	6	6
7	7	7	7	7	7	7	7
8	8	8	8	8	8	8	8
9	9	9	9	9	9	9	9

記入およびマークについての注意事項

1. 解答にはかならずHBまたはBの黒鉛筆（シャープペンシルも可）を使用してください。ボールペンや万年筆等でマークした解答は機械による読み取りの対象とならないため、採点されません。
2. 記入は**太線の枠内**に、マークは◯の中を**正確に塗りつぶしてください**（下記マーク例参照）。
   採点欄は塗りつぶさないでください。
3. 訂正の場合は、プラスチック製消しゴムできれいに消してください。
4. **解答用紙を折り曲げたり、破ったり、汚したりしないでください。**

マーク例

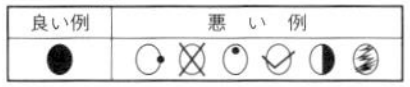

書き取り試験注意事項　（書き取り試験解答欄は裏面にあります。）

フランス語の文章を、次の要領で４回読みます。全文を書き取ってください。

- １回目、２回目は、ふつうの速さで全文を読みます。内容をよく理解するようにしてください。
- ３回目は、ポーズをおきますから、その間に書き取ってください（句読点も読みます）。
- 最後に、もう１回ふつうの速さで全文を読みます。
- 読み終わってから３分後に、聞き取り試験にうつります。
- 数を書く場合は、算用数字で書いてかまいません。（配点　14）

書き取り試験

採　点　欄
0 1 2 3 4 5 6 7 8 9
10 11 12 13 14

聞き取り試験

1

解答番号	解　答　欄	採点欄
(1)		1 0
		1 0
(2)		1 0
		1 0
(3)		1 0
		1 0
(4)		1 0
(5)		1 0

2

解答番号	解　答　欄
(1)	1 2
(2)	1 2
(3)	1 2
(4)	1 2
(5)	1 2
(6)	1 2
(7)	1 2
(8)	1 2
(9)	1 2
(10)	1 2

裏面

2級書き取り試験　解答欄

2022年度春季
実用フランス語技能検定試験
筆記試験問題冊子　〈2 級〉

問題冊子は試験開始の合図があるまで開いてはいけません。

筆記試験		14 時 00 分 ～ 15 時 30 分 (休憩 20 分)
書き取り 聞き取り	試験	15 時 50 分から約 35 分間

◇**筆記試験と書き取り・聞き取り試験の双方を受験しないと欠席になります。**

◇問題冊子は表紙を含め 12 ページ、全部で 7 問題です。

注　意　事　項

1　途中退出はいっさい認めません。

2　筆記用具は **HB または B の黒鉛筆** (シャープペンシルも可) を用いてください。ボールペンや万年筆等でマークした解答は機械による読み取りの対象とならないため、採点されません。

3　解答用紙の所定欄に、**受験番号**と**カナ氏名**が印刷されていますから、まちがいがないか、**確認**してください。

4　**マーク式の解答は、解答用紙の解答欄にマークしてください。**たとえば、1 の (1) に対して ③ と解答する場合は、次の例のように解答欄の ③ にマークしてください。

例 **1**

解答番号	解答欄
(1)	① ② ● ④ ⑤ ⑥ ⑦ ⑧

5　記述式の解答の場合、正しく判読できない文字で書かれたものは採点の対象となりません。

6　解答に関係のないことを書いた答案は無効にすることがあります。

7　解答用紙を折り曲げたり、破ったり、汚したりしないように注意してください。

8　問題内容に関する質問はいっさい受けつけません。

9　不正行為者はただちに退場、それ以降および来季以後の受験資格を失うことになります。

10　**携帯電話等の電子機器の電源はかならず切って、かばん等にしまってください。**通信機能のある時計は使用を禁じます。

11　**時計のアラームは使用しないでください。**

12　この試験問題の複製 (コピー) を禁じます。また、この試験問題の一部または全部を当協会の許可なく他に伝えたり、漏えいしたりすることを禁じます (インターネットや携帯サイト等に掲載することも含みます)。

1　次の (1) ～ (4) の (　　) 内に入れるのにもっとも適切なものを、下の ① ～ ⑧ のなかから 1 つずつ選び、解答欄のその番号にマークしてください。ただし、同じものを複数回用いることはできません。(配点　4)

(1) Ce quartier est célèbre pour ses magasins (1) luxe.

(2) En prenant à gauche (2) le bureau de tabac, vous trouverez l'église que vous cherchez.

(3) J'aime peindre (3) plein air.

(4) Notre conversation portait (4) la politique actuelle.

① à　② après　③ avec　④ dans
⑤ de　⑥ en　⑦ parmi　⑧ sur

(解説・解答 ▶ p.38)

2　次のフランス語の文 (1) ～ (5) が、それぞれあたえられた日本語の文が表わす意味になるように、(　　) 内に入れるのにもっとも適切な語 (各 1 語) を解答欄に書いてください。(配点　10)

(1) Hier, il y a eu des (　　) de neige historiques.
きのうは記録的な大雪でした。

(2) Il a voyagé avec de faux (　　) d'identité.
彼はにせの身分証明書で旅行をした。

(3) Ne me (　　) pas la parole, chers amis.
みなさん、話のじゃまをしないでください。

(4) Tu vas bien ? Tu as mauvaise (　　).
大丈夫？ 顔色が悪いよ。

(5) (　　) seulement il pleuvait !
せめて雨が降ってくれたなら！

(解説・解答 ▶ p.40)

3

次の (1) ～ (5) について、**A**、**B** がほぼ同じ意味になるように、(　　) 内に入れるのにもっとも適切なものを、下の語群から 1 つずつ選び、必要な形にして解答欄に書いてください。ただし、同じものを複数回用いることはできません。(配点　10)

(1) **A** Jacques a grandi dans la famille de son oncle.
B Jacques (　　) par la famille de son oncle.

(2) **A** L'amitié n'a pas une forme unique.
B Aucune relation amicale ne (　　) à une autre.

(3) **A** Le mois dernier, il y a eu une hausse de 15 % de la facture de gaz.
B Le prix du gaz (　　) de 15 % le mois dernier.

(4) **A** Si vous ne voulez pas être malade, n'oubliez pas de prendre le petit déjeuner.
B Pour votre santé, ne (　　) pas le petit déjeuner.

(5) **A** Vous devriez mieux soigner vos plantes.
B Il faudrait que vous (　　) mieux de vos plantes.

augmenter	défendre	développer	élever
ressembler	s'attendre	sauter	s'occuper

(解説・解答 ▶ p.43)

4　次の文章を読み、(1) ～ (5) に入れるのにもっとも適切なものを、それぞれ右のページの ① ～ ③ のなかから 1 つずつ選び、解答欄のその番号にマークしてください。(配点　10)

Un lycéen a pu passer son épreuve de français du baccalauréat* au lycée de Tours, grâce à l'aide de la SNCF**, d'un taxi et de la police.

Tout avait commencé par une erreur de l'élève. Il n'avait pas raté son train, mais (1) à Tours, où il devait passer son examen. Réalisant son erreur, il s'était tout de suite présenté au contrôleur du train. Celui-ci avait téléphoné à la gare de Poitiers (2) un taxi pour le garçon. « Quand il est arrivé à Poitiers, il pleurait tristement », raconte Gabriel Richard, le chauffeur de taxi.

Pour encourager le garçon, la SNCF lui a offert un bon*** de 200 euros, car pendant les deux premiers jours des épreuves du baccalauréat, elle (3) à la situation des jeunes.

Gabriel Richard, lui, se souvient : « Mon but, c'était que l'élève arrive à l'heure à son examen. Alors, j'ai oublié le Code de la route. J'ai roulé aussi vite que je pouvais, (4) danger. Tout à coup, j'ai entendu s'approcher une voiture de police. Je suis descendu du taxi et j'ai expliqué le problème. Comprenant ce qui se passait, les policiers (5) leur voiture. Puis ils l'ont gentiment conduit à son lieu d'examen. »

* baccalauréat : 大学入学資格試験
** SNCF : フランス国有鉄道
*** bon : クーポン

(1) ① était arrivé en retard
② oublié de descendre
③ s'était perdu

(2) ① à condition d'avoir
② dans le but de refuser
③ pour qu'on appelle

(3) ① doit être attentive
② peut rester indifférente
③ va être attachée

(4) ① détestant le
② pour éviter le
③ sans réfléchir au

(5) ① ont définitivement arrêté
② ont fait monter le garçon dans
③ sont retournés à

（解説・解答 ▶ p.46）

5

次の文章は、Inès に対するインタビューの一部です。インタビュアーの質問として（ 1 ）～（ 5 ）に入れるのにもっとも適切なものを、右のページの ① ～ ⑦ のなかから1つずつ選び、解答欄のその番号にマークしてください。（配点 10）

Le journaliste : Vous avez été témoin de l'accident de cet après-midi. (1)

Inès : D'abord, j'ai entendu un grand bruit et un cri qui venaient de la rivière. Je me suis précipitée pour voir si quelqu'un n'était pas tombé dans l'eau.

Le journaliste : (2)

Inès : C'était une voiture. Quand je suis arrivée, on voyait encore le toit. Puis elle s'est entièrement enfoncée dans l'eau.

Le journaliste : (3)

Inès : Heureusement, il n'y avait plus personne dans la voiture. La conductrice était sur le bord de la rivière.

Le journaliste : (4)

Inès : La dame pense qu'elle avait oublié de serrer le frein à main*.

Le journaliste : (5)

Inès : C'était apparemment le manque de sommeil.

* frein à main : ハンドブレーキ

① Étiez-vous heureuse de discuter avec elle ?

② Pourquoi la voiture était-elle tombée dans l'eau ?

③ Pourquoi voulait-elle dormir ?

④ Quelle était la cause de cette distraction ?

⑤ Qu'est-ce qui avait fait ce bruit ?

⑥ Qu'est-ce qui est arrivé ?

⑦ Y a-t-il eu des morts ou des blessés ?

（解説・解答 ▶ p.48）

6　次の文章を読み、右のページの (1) ～ (7) について、文章の内容に一致する場合は解答欄の ① に、一致しない場合は ② にマークしてください。(配点 14)

En été, quand il fait chaud, on consomme volontiers des glaces et des boissons froides. Mais ce n’est pas le meilleur moyen de se rafraîchir.

Nous sommes des êtres à sang chaud : chez nous, le contrôle de la température du corps est indépendant de l’environnement. Nous pouvons contrôler notre température parce que notre corps produit tout le temps de la chaleur. Quand on digère de la nourriture ou une boisson, le corps produit de l’énergie. Celle-ci est utile quand il fait froid, mais quand les températures extérieures augmentent, il faut éviter d’avoir trop chaud. L’effet rafraîchissant d’une glace est rapidement remplacé par la chaleur qui vient de la digestion, et celui des boissons froides dépend de la quantité qu’on en prend. Un peu de liquide glacé perdra vite son effet, tandis qu’une grande quantité de boisson froide ralentira la circulation du sang et rendra le transport de la chaleur moins efficace.

En fait, la transpiration est notre meilleur moyen de perdre de la chaleur. Grâce à la sueur, la surface de la peau se refroidit, et le sang qui circule en dessous devient moins chaud, contribuant ainsi à réduire la température corporelle. L’été, il vaut donc mieux prendre une boisson chaude car cela produit une réaction de transpiration qui permet au corps de se rafraîchir.

(1) Les glaces et les boissons froides ne sont pas forcément idéales pour rafraîchir notre corps.

(2) La façon dont les êtres humains contrôlent leur température ne dépend pas de l'environnement.

(3) Pendant qu'on digère, le corps perd de l'énergie.

(4) Quand on mange une glace, son effet rafraîchissant ne dure pas longtemps.

(5) Boire beaucoup de liquide froid accélère la circulation du sang.

(6) La transpiration est efficace pour que le corps perde de la chaleur.

(7) En réalité, les boissons chaudes permettent de se rafraîchir.

（解説・解答 ▶ p.51）

7 次の対話を読み、(1) ~ (5) に入れるのにもっとも適切なものを、それぞれ右のページの ① ~ ④ のなかから 1 つずつ選び、解答欄のその番号にマークしてください。(配点 10)

Jean : Nous avons beaucoup de factures à payer : d'abord, l'électricité.
Anne : 300 euros ! C'est énorme !
Jean : (1). Nous avons un chauffage électrique qui coûte cher. Voici la note de ton smartphone.
Anne : (2) Je n'ai plus de smartphone depuis deux semaines.
Jean : C'est vrai. Mais c'est la facture du mois dernier. Tu l'avais encore à ce moment-là. (3), il y a la taxe d'habitation.
Anne : Encore des dépenses ! (4) ! Nous devons payer combien pour ça ?
Jean : 250 euros. Et pour finir, il faut réparer la porte d'entrée de l'immeuble… 950 euros !
Anne : (5) Nous sommes locataires. C'est le propriétaire qui paye ça.

(1)　① Ça fait longtemps
　　② Ce n'est pas possible
　　③ C'est normal
　　④ Voilà tout

(2)　① Comment ça ?
　　② Déjà ?
　　③ Quelle horreur !
　　④ Viens !

(3)　① Encore une fois
　　② Ensuite
　　③ Malgré tout
　　④ Vraiment

(4)　① Je m'en veux
　　② J'en ai assez
　　③ J'en suis contente
　　④ J'en suis sûre

(5)　① Ah, là, pas question !
　　② Laisse, c'est pour moi !
　　③ Parle doucement !
　　④ Que veux-tu ?

（解説・解答 ▶ p.53）

2022年度春季
実用フランス語技能検定試験
聞き取り試験問題冊子　〈2 級〉

書き取り・聞き取り試験時間は、
15 時 50 分 から 約 35 分 間

先に書き取り試験をおこないます。解答用紙表面の書き取り試験注意事項をよく読んでください。書き取り試験解答欄は裏面にあります。

この冊子は指示があるまで開かないでください。

◇**筆記試験と書き取り・聞き取り試験の双方を受験しないと欠席になります。**

◇問題冊子は表紙を含め 4 ページ、全部で 2 問題です。

書き取り・聞き取り試験注意事項

1　途中退出はいっさい認めません。

2　書き取り・聞き取り試験は、CD・テープでおこないます。

3　解答用紙の所定欄に、**受験番号**と**カナ氏名**が印刷されていますから、まちがいがないか、**確認**してください。

4　CD・テープの指示にしたがい、中を開いて、日本語の説明をよく読んでください。フランス語で書かれた部分にも目を通しておいてください。

5　解答はすべて別紙の書き取り・聞き取り試験解答用紙の解答欄に、**HB または B の黒鉛筆**（シャープペンシルも可）で記入またはマークしてください。ボールペンや万年筆等でマークした解答は機械による読み取りの対象とならないため、採点されません。

6　問題内容に関する質問はいっさい受けつけません。

7　**携帯電話等の電子機器の電源はかならず切って、かばん等にしまってください。**通信機能のある時計は使用を禁じます。

8　**時計のアラームは使用しないでください。**

9　この試験問題の複製（コピー）を禁じます。また、この試験問題の一部または全部を当協会の許可なく他に伝えたり、漏えいしたりすることを禁じます（インターネットや携帯サイト等に掲載することも含みます）。

書き取り・聞き取り試験

（試験時間：約40分間）

書き取り試験

注意事項

フランス語の文章を、次の要領で4回読みます。全文を書き取ってください。

- 1回目、2回目は、ふつうの速さで全文を読みます。内容をよく理解するようにしてください。
- 3回目は、ポーズをおきますから、その間に書き取ってください（句読点も読みます）。
- 最後に、もう1回ふつうの速さで全文を読みます。
- 読み終わってから3分後に、聞き取り試験にうつります。
- 数を書く場合は、算用数字で書いてかまいません。（配点　14）

［ 音声を聞く順番 ］ 01 → 01 → 02 → 01

（解説・解答 ▶ p.57）

聞き取り試験

1

- まず、Claireへのインタビューを聞いてください。
- つづいて、それについての5つの質問を読みます。
- もう1回、インタビューを聞いてください。
- もう1回、5つの質問を読みます。1問ごとにポーズをおきますから、その間に、答えを解答用紙の解答欄にフランス語で書いてください。
- それぞれの（　　）内に1語入ります。
- 答えを書く時間は、1問につき10秒です。
- 最後に、もう1回インタビューを聞いてください。
- 数を記入する場合は、算用数字で書いてください。

（メモは自由にとってかまいません）（配点　8）

［ 音声を聞く順番 ］ 03 → 04 → 03 → 05 → 03

(1) C'était juste une (　　) pour elle.

(2) Dans la rue, des (　　) s'approchaient d'elle et l'(　　) quelquefois.

(3) Pas au début. Elle a dû s'(　　) à regarder sa tête d'une manière (　　).

(4) Parce qu'elle avait (　　) à la tête.

(5) Elle a compris qu'avoir les cheveux (　　), ça faisait (　　) aux autres.

(解説・解答 ▶ p.61)

2

- まず、Henriの話を2回聞いてください。
- 次に、その内容について述べた文 (1) ～ (10) を2回通して読みます。それぞれの文が話の内容に一致する場合は解答欄の ① に、一致しない場合は ② にマークしてください。
- 最後に、もう1回Henriの話を聞いてください。
(メモは自由にとってかまいません) (配点　10)

［音声を聞く順番］ 06 → 06 → 07 → 07 → 06

(解説・解答 ▶ p.65)

2 次 試 験

試験方法

○ 2 次試験は個人面接です（面接時間：5 分）。
○指示にしたがい試験室に入室し、はじめに氏名の確認がありますから、フランス語で答えてください。
○次に、面接委員によりフランス語で質問がありますから、フランス語で答えてください。

＊注意＊　試験入室前に携帯電話等の電子機器の電源を切ってください。

◆ Le jury choisit un(des) sujet(s) dans la liste en fonction des intérêts de chaque candidat.

1. Aimez-vous faire du sport ? Lequel ?
2. Aimez-vous les animaux ?
3. À quelle heure vous êtes-vous couché(e) hier soir ?
4. Dans votre famille, qui s'occupe du ménage ?
5. Lisez-vous les journaux ?
6. Préférez-vous voyager tout(e) seul(e) ou avec quelqu'un ?
7. Présentez-nous le quartier où vous habitez.
8. D'habitude, qu'est-ce que vous prenez au petit déjeuner ?
9. Qu'est-ce que vous allez faire cet été ?
10. Qu'est-ce que vous voudriez recevoir comme cadeau d'anniversaire ?

(解説 ▶ p.71)

2022 年度春季 2 級

今季の出願者は 999 名（うち 1 次試験免除者数 37 名）、1 次試験の実受験者数は 872 名でした。また 1 次試験の合格者は 322 名（対受験者合格率 36.9%）、1 次試験の平均点は 60 点でした。1 次試験免除者をくわえた 2 次試験の実受験者は 342 名、1 次試験と 2 次試験の両方に合格した最終合格者数は 290 名（最終合格率 32.5%）でした。

出題内容のあらまし

1 次［筆記］

- 1 前置詞（穴うめ・選択）
- 2 フランス語文の完成（和文つき／穴うめ・記述）
- 3 フランス語文の完成（動詞を選択活用／穴うめ・記述）
- 4 説明文（試験当日のトラブル／穴うめ・選択）
- 5 インタビュー（事故の目撃者／穴うめ・選択）
- 6 説明文（夏の飲みもの／内容一致・選択）
- 7 対話文（請求書の山／穴うめ・選択）

［書き取り］ 談話文（ぐうたら息子）

［聞き取り］

- 1 対話文（髪を剃った女性／仏問仏答完成／穴うめ・記述）
- 2 談話文（心臓病の経験／内容一致・選択）

2 次［面接］（個人面接方式）受験者が試験室に入室後、面接委員がフランス語で質問し、受験者がそれに答える。（試験時間約 5 分間）

1 次 試 験

筆記試験

解説・解答

1 **解説**　適切な前置詞を選択する問題です。同様の形式の問題が 1 級にいたるまで出題されていることからもわかるように、前置詞はフランス語の文章を組み立てるにあたってきわめて重要な役割をはたします。前置詞は、数が限られているうえに形の変化もありませんので、動詞などにくらべるとその学習は比較的容易に見えます。たしかに問われる前置詞は、à や de、そして dans、en、pour など、いずれも初級文法の授業で習う基本的なものばかりです。しかし 1 つの前置詞がさまざまな意味や用法をもっているため、使い分けに注意が必要で、上級者でも油断ができません。多くの文章にふれるにつれて、次第に、à は「～（場所・時間）に」、de は「～（場所・時間）から」といった、初級文法で最初に覚えた意味では対応できない表現に出会うようになります。そのとき感じる違和感こそが、フランス語上達のための大きなチャンスです。今さら前置詞を調べるなんてと面倒くさがらずに辞書をひき、文脈にもっともよくあてはまる用法はどれなのか、説明と例文を熟読してみつけてください。その際、辞書をひくときはつねにそうですが、当該の用法以外の用法についても目を通し、頭のなかを整理しておいてください。疑問をもつたびにそれを繰り返していれば、文章に出てくるすべての前置詞について、用法をきちんと説明できるようになるでしょう。同じ前置詞でも組み合わされた動詞や形容詞によってことなった意味で用いられるということを、実例をもって十分に理解しておくことが大切です。

もう 1 点重要なのは、前置詞そのものの学習というよりも、動詞や形容詞、名詞について学ぶ際に、それと結びついて用いられる前置詞をいっしょに覚えておくことです。また前置詞は特定の単語と結びついて日本語話者の感覚からかけ離れた成句的な表現を作ることもあります。勘に頼らず辞書をこまめにひいて確認するようにしましょう。前置詞それ自体の用法とほかの品詞による特定の前置詞の要求との双方の側面に注意していれば、前置詞は着実に身についていくはずです。

今回、この問題の全体の得点率は 55%で、例年にくらべてかなり高めの結果となりました。

それでは、設問ごとにくわしく見ていきましょう。

(**1**) Ce quartier est célèbre pour ses magasins (de) luxe.「この地区は、高級品店で有名です」という意味です。luxe「ぜいたく」は前置詞 de と結びついて、de luxe「ぜいたくな」という意味の副詞句を作ります。誤答としては、*en* がめだちましたが、luxe は *en* と結びついて成句的表現を作ることがありません。得点率は 56%でした。

なお、『ラルースやさしい仏仏辞典 Niveau 1』の luxe の項をひくと、この問題と同じ用法の例文（« En vacances, il ne descend que dans des hôtels de luxe, il doit avoir les moyens ! »）が載っています。ほかに « C'est du luxe. »「それはぜいたくだ」という例文も載っていますが、こちらは部分冠詞を用いたまったく別の用法であることに注意しましょう。

(**2**) En prenant à gauche (après) le bureau de tabac, vous trouverez l'église que vous cherchez.「タバコ屋を過ぎたあとで左に曲がると、おさがしの教会がみつかりますよ」という意味です。前置詞 après には、時間的な意味の「～のあとで」のほかに、位置を示す「～を過ぎたあとで」という意味があることを問う問題です。誤答としては *dans* がめだちました。たしかに文法的には、*dans* を入れることも可能です。しかし、それではタバコ屋のなかで左に曲がるという意味になってしまい、教会への行き方を案内するという文の後半とのつながりが不自然になりますので、ここでは不適切です。得点率は 47%でした。

この機会に前置詞 après のさまざまな用法を確認しましょう。『ラルースやさしい仏仏辞典 Niveau 1』の après の項には、たとえば、« Les intérêts particuliers doivent passer après l'intérêt général. » という例文が載っていますが、この用例の après は順位を示します。

(**3**) J'aime peindre (en) plein air.「屋外で絵をかくのが好きだ」という意味です。こちらの問題は、基本的な語彙である air に関連する成句的表現の知識を問うものです。en plein air で「屋外で」という意味になります。得点率は 58%でした。

『ラルースやさしい仏仏辞典 Niveau 1』の air の項には、さまざまな例文（« On a décidé d'aller à la campagne et de déjeuner sur l'herbe en plein air. » や « Quand on a entendu le bruit de l'avion, tout le monde a regardé en l'air. » など）が載っていますので、en plein air だけではなく en l'air「空に向けて」など、成句的表現をまとめて確認しておきましょう。

(4) Notre conversation portait (sur) la politique actuelle.「私たちの会話の対象は、現在の政治であった」という意味です。動詞 porter は前置詞 sur とともに使われ「〜を対象とする」、「〜にかかわる」という意味になります。誤答としては *à* がめだちました。動詞 porter には「〜をもっていく」という意味があり、この場合は場所を示す前置詞 *à* とともに用いられることもあります。けれどもこの問題での porter は、ものの具体的な移動を示すわけではないため、不適切です。得点率は 56%でした。

『ラルースやさしい仏仏辞典 Niveau 1』の porter の項には、この問題と同じ用法の例文（« La discussion portait sur la politique du gouvernement. »）が載っています。よく知っていると思っている動詞についても、前置詞との組み合わせで意味がどのように変化するのか確認することを習慣にするとよいでしょう。

解答　(1) ⑤　　(2) ②　　(3) ⑥　　(4) ⑧

2

解説　自然な日本語の文をフランス語の文に書きかえる際に必要となる語を空欄に記す問題です。ここで注意しなければならないのは、日本語の文がフランス語の文に 1 語 1 語対応しているわけではないということです。そのため、空欄に対応する日本語の単語をさがして、それをそのままフランス語に訳しても正解は得られません。

この問題を解くにあたっては、まず日本語の文の内容をよく理解しましょう。次にフランス語の文を読みます。空欄にどのような品詞のどのような形が入るのかを文の構造から推測し、日本語の文と同じ内容の正しい文になる単語をさがします。そのとき、日本語の言い回しにとらわれるのではなく、むしろあたえられたフランス語文にひきつけて日本語文を言いかえられないかどうかを考えると答えやすくなります。そして解答を書く際には、つづりのまちがいをしないように十分注意しましょう。

この問題に備えるためには、1つの単語がほかのどのような単語と組み合わされて使われるかを意識的に覚えていきましょう。また成句表現に特有な言い回しや、日常的な口語表現についても、どのような文脈で使われるかもふくめて、きちんと身につけておくことが大切です。

この問題全体の得点率は、例年並みの16%でした。

それでは、各設問をくわしく見ていきましょう。

(1) 日本語の「記録的な大雪」に対応する表現として、des (　　) de neige historiques の空欄に chutes を記入すれば正解です。不定代名詞 des と形容詞 historiques が複数形であることから、カッコに入る名詞も複数形になることに注意しましょう。この設問の得点率はわずか2%でした。誤答としてもっとも多かったのは *beaucoup* ですが、カッコの前に不定冠詞 des があることから不適切です。ほかの誤答として *plein* や *nombreux* といった単語をもとにした解答など、「大雪」という日本語の表現にふくまれる「たくさんの」という意味に対応させようとしたものがめだちました。けれどもこの問題のポイントは、どのような名詞が neige に結びつきやすいのか考えることにあります。なお chutes のほかに、précipitations、tombées、tempêtes を入れても正解です。

『ラルースやさしい仏仏辞典 Niveau 1』の chute の項を見ると、« De nouvelles chutes de neige ont eu lieu ce matin en montagne. » という例文がラジオでの表現として紹介されています。気象情報などさまざまなフランス語にふだんから接することで語彙をゆたかにすることができるでしょう。

(2)「にせの身分証明書」に対応する表現として、de faux (　　) d'identité の空欄に入れる単語を考える問題です。半数以上の受験者が *carte* または *cartes* という誤答を記入しました。けれども、carte が女性名詞であることを思い出せば、カッコの直前に男性形形容詞の faux があることと整合しないことがわかります。papier「紙」を複数形にした papiers が「書類」という意味のほか、「身分証明書」の意味になることを知っていれば正解にたどりつくことができます。誤答のなかには、単数形の *papier* もありました。faux の前にある de が、複数形の名詞に形容詞が前置された場合不定冠詞 des が de になるという法則にのっとったものであることに気がつけば、避けられたまちがいです。また、papiersのほかに、documentsを入れても正解です。この設問の得点率は3%でした。

『ラルースやさしい仏仏辞典 Niveau 1』のpapierの項を見ると、「身分証明書」にあたる例文（« Jacques s'est fait arrêter par un agent qui lui a demandé ses papiers. » « Il paraît qu'il ne s'appelle pas vraiment Durand, qu'il a de faux papiers. » など）が載っていますので確認しましょう。

(3) 「話のじゃまをしないでください」に対応する表現として、Ne me (　) pas la parole. のカッコには動詞の命令形が入ると推測できます。誤答としてもっとも多かったのは、動詞dérangerを用いたものです。たしかに「じゃまをする」という日本語にふさわしい語に見えますが、この問題ではカッコの前後にla paroleとmeの2つの目的語があることに注意しましょう。前者は直接目的語ですので、後者は間接目的語になります。動詞dérangerは「人」を直接目的語としてとるため、ここでは不適切です。また、電話での表現Ne quittez pas.「切らないでお待ちください」という言い回しから類推して動詞quitterを用いた解答もありましたが、これもこの問題のカッコには入りません。正解は、動詞couperを用いたcoupezです。chers amis「みなさん」と改まった言い回しで複数の人たちに呼びかけていますので、*coupe*を記入して2人称単数の命令形にしてしまうと誤答になります。この設問の得点率は6%でした。

『ラルースやさしい仏仏辞典 Niveau 1』のcouperの項を見ると、設問と同じ用法の例文（« Mais laisse donc Yann parler, tu n'arrêtes pas de lui couper la parole ! »）のほか、電話での言い回しの例文（« Allô ? Ne coupez pas, mademoiselle, je n'ai pas terminé ! »）も載っていますので確認しましょう。

(4) 「顔色が悪い」にあたる表現として、avoir mauvaise mineという表現を思いつけるかどうかが鍵になります。mineは『仏検公式基本語辞典』に3級に対応する語として記載されている単語で、avoir bonne mineで「顔色がよい」、avoir mauvaise mineで「顔色が悪い」という意味になります。なお、この言い回しでは冠詞がいらないことにも注意しましょう。もっとも多かった解答は*visage*ですが、この語は男性名詞なのでカッコの直前のmauvaiseが形容詞の女性形であることに気がつけば不適切とわかります。ほかには*couleur*、*face*、*tête*、*santé*といった解答がありました。これらは女性名詞を入れるという点では問題ないのですが、どれを入れても「顔色が悪い」という意味にはなりません。この設問の得点率は 18%でした。

(5) 「せめて雨が降ってくれたなら！」という言い回しにふくまれる願望の意味をもつ表現を思いつけるかが鍵になります。問題文では、動詞 pleuvoir の直説法半過去が用いられていることがヒントになります。接続詞 si は、「もし〜なら」という仮定の意味のほかに、直説法半過去がつづく場合提案や誘い、願望を表わすため、正解は Si になります。誤答としてもっとも多かったのは接続詞 *Que* です。たしかに *Que* につづく文も願望を表わすことがありますが、その場合は動詞が接続法にならなくてはなりませんので、直説法半過去が用いられている問題文では不適切です。

『ラルースやさしい仏仏辞典 Niveau 1』の si の項には、さまざまな例文（« Mon Dieu ! S'il pouvait réussir ! » « Dis, si on allait au cinéma ce soir ? » など）が載っていますが、どのような意味になるかわかるでしょうか。前者は願望を表わし、後者は提案を表わします。また、問題文のカッコにつづく副詞 seulement は、接続詞 si を強めるはたらきをします。『ラルースやさしい仏仏辞典 Niveau 1』の seulement の項には、« Si seulement tu pouvais réussir ton examen, ce serait formidable ! » という例文が載っており、si seulement の類義表現として si au moins があると記載されています。この設問の得点率は 51%でした。

解答　(1) chutes　(2) papiers　(3) coupez　(4) mine
(5) Si

3

解説　2 つの文 **A** と **B** があたえられており、**B** の文には 1 語だけ空欄があります。**A** と **B** がほぼ同じ意味になるように、不定詞の形であたえられた 8 つの動詞のなかから適切なものを選び、それを必要な形に活用させて空欄をうめるという問題です。

同じ内容であっても別の表現で言い表わすために、筆記試験の 2 のように発想の転換が必要になります。もちろん、**A** と **B** の構文が同じで、**A** の 1 つの単語の類義語をさがせばよい場合もありますが、どちらかといえば例外です。大半は、**A** と **B** がことなる構文で、空欄に対応するのが品詞のことなる複数語の表現である場合です。

そのうえで忘れてはならないのは、**A** の時制と叙法を見きわめて、選んだ動詞をそれに合わせて活用させることです。その際、活用形のつづりをまちがえないように注意しましょう。

この問題全体の得点率は例年よりかなり高く、49%でした。

それでは、各設問をくわしく見ていきましょう。

(1) **A** の文は、「ジャックは、叔父の家族のなかで大きくなった」という意味です。**B** の文は、「ジャックは、叔父の家族によって（　　）」となっています。élever qqn は「～を育てる」という意味ですので、選択肢のなかから élever を選びます。誤答もふくめて半数以上の解答が動詞を適切に選んでいましたが、受動態の直説法複合過去 a été élevé にしないといけません。受動態の現在形 *est élevé* にしたり、能動態の複合過去 *a élevé* にしたりしないように注意しましょう。

『ラルースやさしい仏仏辞典 Niveau 1』の élever の項を見ると、人間の子どもを「育てる」場合だけではなく、動物を「飼育する」場合にもこの動詞を用いることができることがわかります。得点率は29%でした。

(2) **A** の文は、「友情は、唯一の形をしているわけではない」という意味です。**B** の文は「いかなる友情の関係も、別のものに（　　）いない」となっています。カッコのあとに à une autre があるため、動詞の選択肢のなかで前置詞 à がつづく用法をもつ動詞をさがします。s'attendre à「～を予期する」という用法をもつ s'attendre がありますが、これをカッコに入れても意味が通りません。一方、ressembler à「～に似ている」という用法をもつ ressembler を直説法現在 3 人称単数に活用して ressemble にすれば正解です。なお、カッコにつづく à une autre は、主語の relation amicale を省略した表現です。あえて省略せずに文全体を日本語になおすと、「いかなる友情の関係も、別の友情の関係に似ていない」となります。得点率は67%でした。

誤答としては、*ressemble pas* というように、否定を表わす副詞 pas をくわえてしまったものがありました。**B** の文は否定文ですが主語に aucune がありますので、動詞の前に ne を置けば十分で、動詞のあとに pas を置いてはいけません。aucun のほか nul や personne、rien など、否定的価値をもつ不定代名詞の用法を教科書や参考書などで確認するとよいでしょう。『ラルースやさしい仏仏辞典 Niveau 1』の personne の項をひくと、ne を用いた例文（« Dis-moi, personne n'a téléphoné pendant mon absence ? — Non, personne. »）が載っています。

(3)　**A** の文は「先月、ガスの請求書が 15%値上がりした」という意味で、**B** の文は「ガスの値段が、先月 15%（　　）」と訳せます。「値上がりする」という意味で使えそうな動詞は、augmenter と élever があります。augmenter は「増大する」という意味ですので、**A** の文に合わせて直説法複合過去形にした a augmenté が正解です。なおカッコの直後の前置詞 de が、しばしば数字をともなって程度や差異を表わす用法であることも確認しておきましょう。一方、élever は(1)で確認したように、直接目的語をとる他動詞として用いられますが、**B** の文のカッコのうしろには直接目的語になる名詞がないため不適切です。代名動詞 s'élever として「上がる、増大する」という意味がありますが、この形は動詞の選択肢にありません。得点率は 66%でした。

誤答のなかには *a été augmenté* がありました。たしかに augmenter には他動詞の用法がありますが、「…が～をふやす」の意味ですから受動態にした場合「～が…によってふやされた」という意味になり、この設問では **A** の文でだれがガス代を値上げしたか明記していないため、動作主が明示されていない **B** の文では他動詞の受動態ではなく、自動詞を使うほうが適切だと判断できます。

(4)　**A** の文は、「病気になりたくなければ、忘れずに朝ご飯をとってください」という意味です。**B** の文は「健康のためには、朝食を（　　）いけません」となっています。**A** と **B** の文をくらべると後半の構文は似ており、**A** の文が oublier の否定命令文になっているのに合わせて、**B** の文もカッコに動詞を入れて否定命令文にすればよいことがわかります。朝食をとることを忘れるという意味になりそうな動詞として、sauter を選びます。**A** と **B** どちらの文でも vous に対して向けられた発言ですので、2人称複数に対する命令法の活用形にした sautez が正解です。2人称単数の命令法の活用形 *saute* にしてしまった誤答もありました。得点率は 53%でした。

『ラルースやさしい仏仏辞典 Niveau 1』の sauter の項を見ると、直接目的語をもつ他動詞の用法として「～をぬかす」、「～をとばす」という意味の例文（« Tu as mal tapé le texte que je t'avais donné : tu as sauté une ligne. »）が載っていますので、自動詞での「跳ぶ」いう意味になる用法とのちがいを確認しましょう。

(5) **A** の文は「植木の世話をもっとしなければいけませんよ」、**B** の文は「植木をもっと（　　）しなければなりません」という意味になります。「世話をする」という意味になる動詞をさがすと同時に、カッコのあとに de があることに注意しましょう。**A** の文は soigner vos plantes というように直接目的語をとる他動詞が用いられていますが、**B** の文で用いられる動詞は de を介して名詞とつづく用法をもつものだということがわかります。s'occuper de は「～の世話をする」という意味になりますので s'occuper を選択します。**A** の文で devoir の条件法によって表わされていた義務の観念が、**B** の文では il faut que の条件法によって表わされています。il faut que の節では動詞は接続法になりますので、vous occupiez が正解です。受験者の半数近くが s'occuper を選択できていましたが、vous *occupez* と直説法現在にしてしまった解答も多く、この設問の得点率は28％にとどまりました。

解答　(1) a été élevé　(2) ressemble　(3) a augmenté
(4) sautez　(5) vous occupiez

4　**解説**　長文に5つの空欄が設けられており、それぞれ3つの選択肢のなかから文章の流れに合うものを選ぶ問題です。各選択肢はどれを入れても文法的に正しいようにできていますので、空欄の前後だけを見て選ぼうとしてもうまくいきません。まずは文章全体の論理展開をよく理解しましょう。そのうえで、空欄の前後をよく読み、自然な流れとなる語句を選択肢のなかから選びます。

この問題の全体の得点率は75％で、例年並みの数字でした。

それでは、各設問を見ていきましょう。

(1) まず第1文で、フランス国有鉄道とタクシーと警察のおかげで、ある男子高校生が Tours 市の高校での大学入学資格試験のフランス語の試験を受験することができた、という趣旨が述べられます。すべてはこの生徒の失敗から始まったという第2文につづいて、空欄1をふくむ第3文は、「電車に乗りそこねたわけではないが、生徒は Tours で（　1　）、そこで試験を受けなければならなかったのに」と訳せます。選択肢はいずれも動詞から始まり、

①は「遅れて到着した」、②は「下車し忘れた」、③は「迷った」という内容です。いずれの選択肢の動詞も、文章の前半に合わせて直説法大過去になっています。選択肢の内容だけでは判断できませんので、つづく第4文を見ると、高校生は自分の失敗に気がついて、列車の検札係にすぐに申し出た、という趣旨が書いてあります。高校生はまだ列車に乗ったままでいることがわかりますので、その状況に合致するのは選択肢②です。得点率は74%でした。

(2)　(1)で確認したように、この高校生は列車のなかで検札係に話しかけます。なお、contrôleur「検札係」とは、フランスの長距離列車では乗降時に切符の確認をしないため、走行中に検札に回ると同時に、車掌として列車内のトラブルに対応する乗務員を指します。空欄2をふくむ第5文は、「この人（検札係）は、少年のためのタクシーを（　2　）、Poitiersの駅に電話をした」という意味です。選択肢は①「(タクシーが）あるという条件で」、②「(タクシーを）断る目的で」、③「(タクシーを）呼んでもらうために」です。①と②はいずれも電車を下車し忘れた少年への対応として不適切ですので、③が正解です。得点率は93%でした。

(3)　つづく第6文では、タクシー運転手であるGabriel Richardの発言として、Poitiersに着いたとき高校生は悲しそうに泣いていた、という趣旨が述べられます。空欄3をふくむ第3段落の文は、「少年を励ますために、フランス国有鉄道は200ユーロのクーポンをプレゼントした。というのも、大学入学資格試験の試験日の最初の2日の間、フランス国有鉄道は若者たちの状況に（　3　）からだ」とあります。選択肢はいずれも前置詞àに結びつく形容詞（attentif à、indifférent à、attaché à）が用いられており、内容は①「注意していなければならない」、②「無関心でいることができる」、③「愛着をもつことになる」です。②は文脈に合わず、③は、選んだ受験者が多かったものの近接未来を用いている点が不自然です。試験期間中に鉄道会社に求められる態度を述べた①が正解です。得点率は51%でした。

(4)　第4段落では、タクシー運転手のGabriel Richardの発言がふたたび引用されます。自分の目的は、生徒が試験の時間に間に合うことであり、それゆえ交通ルールを無視した、と述べられます。空欄4をふくむ文は、「できる限り急いで運転した、危険を（　4　）」とあります。選択肢は①「(危険が)

大嫌いなので」、②「(危険を) 避けるため」、③「(危険を) 考えることなく」ですが、①と②はいずれも文脈に合いません。ここでは、高校生のために危険をおかしてでも急いだという文脈ですので、③が正解です。得点率は69%でした。

(5) つづく2文でもタクシー運転手のGabriel Richardの発言がつづきます。突然警察の車両が近づく音がしたので、タクシーを降り、状況を説明した、と述べられます。空欄5をふくむ文は、「何が起きているのか理解して、警察官たちはパトカーを（ 5 ）」とあります。選択肢は①「(パトカーを) 最終的に停車した」、②「(パトカーに) 少年を乗せた」、③「(パトカーに) 戻った」です。いずれの選択肢も警察官たちの行動を述べています。最終文を先に確認すると、警察官たちが高校生を試験会場にまで連れて行った、と述べられています。①と③はいずれも文脈に合わないと判断でき、②が正解とわかります。得点率は87%でした。

解答　(1) ②　(2) ③　(3) ①　(4) ③　(5) ②

5 **解説**　対話形式の長文に5つの空欄が設けられており、それぞれに適合する文を7つの選択肢から選ぶ問題です。近年の傾向としては、ジャーナリストによるインタビュー形式の出題が多く、今回もそのような問題でした。インタビューの相手は、ある事故の目撃者である女性Inèsです。

この問題にとりかかるにあたっては、対話文を読む前に、まず7つの選択肢にざっと目を通すのがよいでしょう。どのような質問があるのかをあらかじめ頭に入れてから、対話文を読み始めます。解答に際しては、応答の文意はもちろんですが、応答の形式に十分な注意をはらうことが大切です。ouiかnon、あるいはそれに近い表現であるか、または特定の情報（原因、時間、期間、場所など）をあたえるものであるかによって、選択肢をしぼり込むことができるでしょう。問題全体の得点率は例年よりやや高く86%でした。

それでは、各設問をくわしく見ていきましょう。

(1) ジャーナリストによる最初の1文から、Inèsが事故を目撃したこと、その事故が起きたのはインタビューがおこなわれた日の午後であることがわかります。ジャーナリストの発言につづくInèsの返答は、「はじめは、大きな音と叫び声が川のほうから聞こえました。だれかが水に落ちなかったのかと駆けつけました」とあります。空欄1のジャーナリストの発言には、そもそもの状況を尋ねる質問が入るだろうと推測できます。それに合致するのは選択肢のうち、⑥「何が起きたのですか」です。得点率は83%でした。

時制の一致の法則をきちんと理解しているか、Inèsの最初の発言の2文目を見て確認しましょう。siにつづく従属節は「〜かどうか」を意味する間接疑問文ですが、そこで用いられている動詞tomberの時制は大過去になっています。一方、se précipiterの時制は複合過去です。このように時制がずれているのは、「私（= Inès）」が駆けつけた時間と、だれかが水に落ちたかもしれない時間との間にずれがあるからです。

(2)　つづいてジャーナリストが発した質問に、Inèsは次のように答えます。「車でした。私が着いたとき、まだルーフが見えました。それから、車は水のなかに完全に沈みました。」Inèsが最初に「車でした」と返答しているので、⑤「なにがその音をたてたのでしょうか」が最適です。「その音」とは、Inèsの最初の発言にある「大きな音」を指すと理解できます。得点率は86%でした。

家について「屋根」を指すtoitは、車に関しては「ルーフ」を指すことも確認しましょう。『ラルースやさしい仏仏辞典 Niveau 1』のtoitの項には、自動車のルーフの意味の例文が載っているほか、開閉式のルーフをtoit ouvrantと呼ぶことが記されています。

(3)　自動車が川に沈むようすを述べた返事ののち、空欄3のジャーナリストの質問をはさんで、Inèsは「幸いにも、車のなかにはもうだれもいませんでした」と答えます。この応答にふさわしい質問は、⑦「死者やけが人はいたのですか」です。得点率は94%でした。

Inèsの発言にあるne ... plus personneという表現について十分に理解できているでしょうか。ne ... plus「もう〜ない」とne ... personne「だれも〜でない」が併用された否定文「もうだれも〜でない」です。否定文の応用表現については、聞き取り2の(7)の解説も参考になるでしょう（69頁参照）。

(4)　Inèsの「女性の運転手は川岸にいました」という発言がつづき、空欄4のジャーナリストの質問ののちに、Inèsは「女性は、自分がハンドブレーキをかけ忘れたと考えています」と答えます。車が水に落ちた理由を述べているので、この返答にふさわしい質問は、②「なぜ車は水に落ちたのでしょうか」です。得点率は89%でした。

Inèsの3つ目の発言にあるla conductrice「女性の運転手」も4つ目の発言にあるla dame「女性」も、同一人物を指します。フランス語は同じ表現を繰り返し用いることを避ける傾向があるため、同一の人物や事柄をことなる言い回しで表わすことがあります。長文の読解などの際には正確な理解の鍵となることもありますので、ある単語が指す内容がちがう場所ではほかの単語で表わされていないか、ふだんから確かめる習慣をつけるとよいでしょう。

(5) Inèsは最後の発言で、「どうやら、睡眠不足だった」と述べています。誤答として③「なぜ彼女は眠りたかったのですか」がめだちました。たしかにこの選択肢はInèsの「睡眠不足」という発言に対応しますが、ここまで「眠り」に関する応答がいっさいなかったことを考えると、空欄5にこの質問を入れるのは不自然です。空欄5の直前では車が川に落ちた原因がハンドブレーキのかけ忘れにあると語られていましたので、ここでは、さらにそのかけ忘れの原因を尋ねる、④「その不注意の原因は何だったのでしょうか」がふさわしい質問です。得点率は76%でした。

選択肢④で用いられているdistractionの項を『ラルースやさしい仏仏辞典Niveau 1』でひくと、「不注意」の意味の例文（« Excusez-moi, c'est par distraction que j'ai versé trop de sel. »）だけでなく、「気晴らし」の意味の例文（« Allez au cinéma, c'est une distraction comme une autre. »）も載っています。前者は不可算名詞、後者は可算名詞といった用法についての注記や、前者の類義語としてinattentionとétourderieが、後者の類義語としてpasse-tempsやloisirsなどが紹介されています。ひとつの単語をひとつの意味に対応させるだけでなく、複数の意味や関連する語もふくめて確認する習慣をつけるとよいでしょう。

解答　(1) ⑥　(2) ⑤　(3) ⑦　(4) ②　(5) ④

6 **解説** 長文の内容一致問題です。あたえられた7つの短文が問題文の内容に一致しているか否かを判断します。まずは問題文全体を通してよく読み、内容を十分に理解するよう努めましょう。そのうえで、短文に目を通していきましょう。そしてそれぞれの短文に関係する箇所を問題文中にさがし出して、ていねいに読みなおしながら正誤の判断をしましょう。2級の場合は、(1)から(7)の短文はだいたい問題文の流れに沿ってならべられています。ただし、問題文の複数の箇所を組み合わせて判断しないと答えられないものもありますので、注意しましょう。今回は夏の飲みものに関する文章でした。問題全体の得点率は例年よりやや高く88%でした。

それでは、短文をひとつひとつ見ていきましょう。

(1) 短文は、「アイスクリームと冷たい飲みものは、われわれの身体を冷やすのに理想的だとはかぎらない」という内容です。本文第1段落の第1文から第2文にかけて、「夏、暑いと、アイスクリームと冷たい飲みものがえてして消費される。けれども、それは涼しくするのに最高の手段というわけではない」とありますので、短文の内容は本文と一致します。得点率は90%でした。

短文で用いられている forcément を『ラルースやさしい仏仏辞典 Niveau 1』の forcé の項で見ると、例文（« C’est forcé, il viendra demain. »）から例文（« Il viendra forcément demain. »）への書きかえが記されているほか、この副詞のもとである形容詞の forcé についての例文（« C’est forcé qu’elle ne soit pas là, son fils est malade. »）や類義語も紹介されていますので確認しましょう。

(2) 短文は、「人間が体温を管理する手段は、環境に依存するわけではない」という内容です。本文の第2段落冒頭に「われわれは温血の生き物である。われわれにおいて、体温の管理は環境から独立している」とあります。本文にある nous「われわれ」は、短文2の les êtres humains「人間」に対応するでしょう。そのため、短文の内容は本文に一致します。得点率は79%でした。

(3) 短文は、「消化している間、身体のエネルギーは少なくなる」と訳せます（perdre の直接目的語に部分冠詞がついていることに注目しましょう。エネルギーが「完全になくなる」のではなく、「少なくなる」と理解できるでしょうか)。本文第 2 段落の第 3 文には、「食べものあるいは飲みものを消化するとき、身体はエネルギーを生みだす」と述べられています。短文の内容は本文に一致しません。得点率は 90%でした。

短文と本文で用いられている動詞 digérer の項を『やさしいラルース仏仏辞典 Niveau 1』でひくと、「消化する」という意味の動詞に関連して、名詞の digestion「消化」や形容詞の digeste「消化しやすい」といった単語のほか、それらの反意語（indigestion、indigeste）も紹介されています。関連する語の意味と用法も合わせて確認することで、語彙をふやすことができるでしょう。

(4)　短文は、「アイスクリームを食べるとき、アイスクリームがもつ冷たくする効果は、長くはつづかない」という意味です。本文第 2 段落の中盤の第 5 文には、「アイスクリームがもつ冷たくする効果は、消化に由来する熱にすぐに取ってかわられる」と述べられています。短文は本文の内容と一致します。得点率は 87%でした。

ここでこの問題のキーワードのひとつである rafraîchir について、『やさしいラルース仏仏辞典 Niveau 1』を参照してみましょう。「ものを主語とする」という注記につづいて、ものあるいは人を直接目的語とするという用法が説明されています。短文(1)の rafraîchir notre corps「われわれの身体を冷やす」はこれにあたるでしょう。本文第 2 文や短文(7)で用いられている代名動詞についても、用例（« Quelle chaleur ! si on prenait du thé froid pour se rafraîchir ? »）があげられています。さらに短文(4)などで用いられている形容詞についても、une boisson rafraîchit から une boisson rafraîchissante への書きかえが紹介されていますので確認するとよいでしょう。

(5)　短文は、「冷たい液体をたくさん飲むことは、血液の循環を促進する」という内容です。本文第 2 段落の最後の文、「少量の冷たい液体はすぐに効果をなくす一方、大量の冷たい飲みものは、血液の循環を緩慢にし、熱の移動の効率を下げるだろう」と記されていますので、短文の内容は本文に一致しません。得点率は 81%でした。

(6)　短文は、「身体の熱を下げるには、発汗は効果的である」という内容です。

本文第 3 段落の第 1 文には、「じっさい発汗は、熱を下げるためのわれわれの最良の手段である」とあります。短文の内容は本文に一致します。得点率は 93%でした。

短文をもう 1 度見て、pour que「～のために」という目的を示す節では動詞が接続法になることや、短文で用いられている動詞 perdre（ここでも直接目的語に部分冠詞がついています）の接続法の活用形についても確認しておくとよいでしょう。

(7)　短文は、「じつのところ、温かい飲みものによって、身体を冷やすことができる」という内容です。本文の最後で、「だから夏には、温かい飲みものをとるのがよい。そうすることで生じる発汗という反応によって、身体は冷ますことができるからである」と述べられているため、短文の内容は本文に一致します。得点率は 95%でした。

なお、短文に見られる en réalité「実際は」、「ところがじつは」は、見かけや予想とはことなりという意味が含意されています。本文の第 1 文に読まれるように、暑いときには冷たいものを口にしがち、という一般的に認められる傾向とは反対の事実を述べていることを、この副詞句は強調しています。『やさしいラルース仏仏辞典 Niveau 1』の réalité の項をひくと例文（« Il a l'air heureux, comme ça, mais en réalité, il a des soucis. »）が載っているだけではなく、さらに類義語として en fait（本文第 3 段落冒頭で用いられています）があげられています。en effet とのちがいも合わせて確認するとよいでしょう。

解答　(1) ①　(2) ①　(3) ②　(4) ①　(5) ②　(6) ①　(7) ①

7

解説　対話文に設けられた 5 つの空欄について、それぞれ 4 つの選択肢から適切なものを 1 つ選ぶ問題です。筆記試験5も対話文の空欄補充問題ですが、質問文のみを尋ねるものでした。こちらの7では、やりとりのなかの文や文の一部が問われます。対話は日常的な口語体のもので、問われる表現も日常生活でよく使われる短めの慣用表現が多くなっています。この問題に対処するためには、ふだんからフランス語の授業やさまざまなメディアを通して日常会話にふれる機会を積極的に作り、フランス語らしい応答の仕方に注意するようにしましょう。また、この問題で問われる表現はある程度きまっているので、過去問によく目を通しておくのも有効です。
　今回、この問題全体の得点率は例年並みの71％でした。
　それでは、各設問をくわしく見ていきましょう。

(1)「支払いをしなければならない請求書がたくさんある。まず、電気だ」というJeanに、Anneは「300ユーロ！　高すぎる！」と応じており、2人が生計をともにしていること、こののち電気料金以外の請求書への言及がつづくであろうことが想像できます。つづいてJeanが、「（　1　）。電気の暖房が高いからだ」とつづけます。Anneは請求された電気料金を高額だと判断しましたが、Jeanは高額になった理由がわかっています。選択肢① Ça fait longtemps「ずいぶん前から」、② Ce n'est pas possible「それはあり得ない」、③ C'est normal「それは当然だ」、④ Voilà tout「これで全部だ」のなかから、ふさわしいのは③であることがすぐにわかります。得点率は76％でした。
　なお、この選択肢③のC'est normalには、会話における成句として「当然のことをしたまでです」というお礼を述べる意味もありますが、ここではこの意味ではありません。

(2)「これが君のスマートフォンの料金だ」とつづけるJeanに対して、Anneは「（　2　）　2週間前からスマートフォンを持っていないのに」と述べます。選択肢① Comment ça ?「いったいどういうこと？」、② Déjà ?「もう？」、③ Quelle horreur !「なんてひどいんだ！」、④ Viens !「来て！」のなかで、②と④は会話の流れに合いません。カッコにつづく発言でAnneは、スマートフォンの請求書が届くわけがないと考える理由を述べていますので、Jeanの発言に対して嫌悪や怒りを表わす③よりも、驚きを表わす①の方が適切です。得点率は48％でした。
　選択肢①で用いられているçaの項を『やさしいラルース仏仏辞典 Niveau 1』でひくと、quiやoù、quand、comment、pourquoiといった疑問副詞と疑問代名詞が単独で用いられるときにçaはこれらの疑問詞を強めるはたらきをすると説明されています。Où ça ?、Quand ça ?、Qui ça ? を用いた例文が載っていますのでこれらの表現もあわせて確認するとよいでしょう。

(3) Jeanはスマートフォンに関連して、「たしかに。でもこれは先月分の請求書だよ。そのときはまだ持っていたよね」と述べたのちに、「(3)、住民税がある」とつづけます。電気料金とスマートフォン料金につづく新たな請求書への言及をみちびくには、選択肢① Encore une fois「もう1度」、② Ensuite「それから」、③ Malgré tout「それでも」、④ Vraiment「本当に」のうち、②が最適です。得点率は81%でした。

(**4**) 住民税に言及したJeanに対して、Anneは「また出費！ (4)！ これにはいくら払わなければならないの？」とつづけます。選択肢① Je m'en veux「後悔している」、② J'en ai assez「もうたくさんだ」、③ J'en suis contente「(そのことに) 満足している」、④ J'en suis sûre「(そのことを) 確信している」のいずれも、中性代名詞enを用いた表現が並んでいます。③と④では、それぞれêtre content de、être sûr deという表現のdeにみちびかれる名詞が中性代名詞に置きかわっていると考えられます。一方、①のenは具体的な名詞のかわりになっているわけではなく、s'en vouloirで成句表現を作ります。以上の選択肢はいずれも文脈からはずれていますので、正解は②です。得点率は83%でした。

『ラルースやさしい仏仏辞典 Niveau 1』のassezの項を見ると、« Et maintenant assez ! taisez-vous ! »という例文が載っておりassez単独でも用いられることがわかります。またj'en ai assez !の類似表現としてj'en ai marre !もしばしば用いられますので確認しておきましょう。

(**5**) 住民税の額が250ユーロであると述べたのちに、Jeanは「最後に、建物の玄関ドアを修理しなければならない… 950ユーロ！」とつづけます。それに対してAnneは、「(5) わたしたちは借主なんだから、それを支払うのは大家でしょう」と述べます。選択肢① Ah, là, pas question !「そんなの論外よ！」、② Laisse, c'est pour moi !「まかせて、それは私が払う！」、③ Parle doucement !「小声で話して！」、④ Que veux-tu ?「仕方ないじゃない」のなかで、文脈に合うのは①だとわかります。得点率は69%でした。

③あるいは④を選んだ受験者が目立ちましたが、それぞれの表現を確認しておきましょう。『ラルースやさしい仏仏辞典 Niveau 1』のdoucementの項には、« Chut ! Parlez doucement, les enfants dorment »という例文が、同書のvouloirの項目には、« Et voilà, les vacances sont finies ! Que voulez-vous, c'est comme ça ! »という例文 (que voulez-vous ?には「あきらめの

ニュアンス」があるという説明とともに）が載っています。

解答　(1) ③　(2) ①　(3) ②　(4) ②　(5) ①

書き取り・聞き取り試験

解説・解答

書き取り試験

解説 書き取りは、単に「音」の聞き取り能力をためすためだけの試験ではありません。さまざまな要素から、「音」としては聞こえていない部分もくみ取って適切なフランス語の文を組み立てるという、総合的なフランス語の能力をはかる試験です。もちろん、読まれた音を正しく聞き取る能力と、聞こえてきた単語を知っているという単語力は必須です。そのうえで、単語を知っているだけでなく、正確なつづりで書くことができなければなりません。フランス語では、1つの単語のように聞こえる音がエリジヨンやリエゾンによって結びついた2つの単語であることもしばしばです。日ごろから教材のCDを聞いたり音読練習をしたりして、つづりと発音の関係に注意をおこたらないようにしましょう。ただし、気をつけるべきことはそれだけではありません。フランス語には、動詞の活用や過去分詞、形容詞などで、発音は同じでも形が変わるものが多々あります。動詞を正しく活用するには、主語の人称にくわえ、その文章の文脈でどのような叙法が要求されているのかを理解する必要があります。形容詞や受動態および複合時制の文における過去分詞に関しては、それぞれがどの名詞・代名詞と結びついているのかが把握できなければ性数一致はおこなえません。複合時制で直接目的語が前に出ている場合の過去分詞の性数一致も注意すべき重要なポイントです。直接目的語は代名詞でうけている場合も多いので、代名詞が何を指しているのかはつねに確認しておく必要があります。こういった統語上の知識を身につけておくことが、結局は、書き取りでもおおいに役立つことになります。

　こうした統語上の問題は、文章全体の展開を前もって把握しておくと、はるかに判断しやすいものとなります。試験では、問題文は全部で4回読まれます。問題文がふつうのスピードで読まれる1回目と2回目はキーワードをメモする程度におさえ、文章全体の流れを理解することに努めましょう。この段階で最初から書き取ろうとすると、書いている間に問題文を聞き逃がしてしまうおそれがあります。3回目には、句読点もふくめてゆっくり読み上げられます。このときに1語1語しっかり書き取ってください。最後に、もう1回ふつうのスピードで読まれます。このときは自分が書き取った文章にまちがいがないか、語末などの細部にもよく耳を澄ませてください。そのあと3分間時間があたえられます。この時間に自分の書き取った文章を読みなおし、「音」だけでは判断できない事項、つまり前述の統語上の諸事項について隅々までチェックするようにしましょう。文意に沿った叙法が選択できているかどうか、従属節のなかは適切な叙法になっているかどうか、受動態および複合時制の過去分詞や形容詞は主語の人称や直接目的語に合った性数一致ができているかどうか、などのチェックによって、自分の書き取った文章が文法的な誤りのない適切なフランス語であることを確認しておきましょう。

例年、全体として気になるのは、基本的な単語のつづりが正確に書けていないことです。書く練習をせずにつづりがあやふやなまま単語を覚えている受験者が多いことを実感します。単語として存在しないつづりを耳に頼って書き取ったものも多く見られます。また過去分詞などの性数一致ができておらず、統語上の理解が十分でない受験者が多いことがわかります。そしてアクサン記号をあいまいに記した答案がめだちます。採点者にきちんとわかってもらえるように、その傾斜の向きや形は明瞭に書きましょう。

今回の書き取り試験の得点率は例年よりも低く32%でした。

それでは、1文ずつ順を追って見ていきましょう。

第1文の冒頭の avant から、過去の話であることがわかります。今回の書き取りでは、過去の習慣を表わす半過去を正確に書くことがひとつの鍵になるでしょう。まず、第1文にある fils という単語は多くの受験者が正確に書けていましたが、音につられてつづりをまちがえた誤答（*fis* など）もありました。同じ文の否定文の要素 ne ... rien も、rien を *bien* にしてしまった一部の誤答をのぞくと書き取りやすかったようです。いっぽう動詞 faire を3人称単数の直説法半過去に活用させる faisait はむずかしかったようで、*fesait*、*fesais* といった誤答がめだちました。ai を複母音字の通常の規則通りには読まないまれな例です。faire の活用のつづりと発音を、直説法半過去だけではなくそのもととなる直説法現在の1人称複数 nous faisons もふくめて確認しておきましょう。

第2文でも、動詞の半過去形を用いた否定文がつづきます。最後の son lit

は基本的な表現のため半数以上の受験者が正確に書けていましたが、son を *sans*、lit を *lire* などにした誤答がありました。son と sans を聞きわけることがむずかしくても、faire son lit で「ベッドを整える」という意味になることを知っていれば聞き取ることはそれほどむずかしくないはずです。

『ラルースやさしい仏仏辞典 Niveau 1』の lit の項には、この用法の例文（« Tu es assez grand pour faire ton lit tout seul, non ? »）が載っていますので、基本的な単語について成句的表現を確認する習慣をつけるようにしましょう。

第 3 文の文末のジェロンディフ en mangeant も、先ほどの faire と同様、動詞の活用におけるつづりと発音に関してしばしば注意喚起される例です。もっとも多かった誤答 *en mangant* と書かないために、manger の直説法現在の 1 人称複数 nous mangeons のつづりと発音を確認するとともに、子音 g の発音がそれにつづく母音あるいは子音によってどう変わるのか規則を確認しましょう。

第 4 文での動詞の半過去 s’en allait はひじょうにむずかしかったようです。*sont allé*、*sont allés*、*sont aller* の 3 種類の誤答が解答の約半数を占めました。これらの場合、主語が ils となりますが、ここまでつねにひとりの息子の話題であったことを考えると不自然です。s’en aller「立ち去る」という成句的表現を知っていることも大切です。

『ラルースやさしい仏仏辞典 Niveau 1』の aller の項には、この用法の例文が複数載っていますので（« Qu’est-ce que tu fais, tu t’en vas ou tu restes ? » « Allez-vous-en tous, toi aussi va-t’en, je veux rester seul. »）、この機会に確認しておきましょう。

同じ第 4 文の immédiatement では、もっとも多かった誤答としてアクサン記号の脱落 *immediatement* があり、つづいて *imédiatement*、*immidiatement* などの誤答が散見しました。文末の sans nous aider では、第 2 文での son と sans のとりちがえと同様、sans を *son* とした誤答がめだちました。nous aider をまるごと空欄にした解答もめだちました。sans を正確に聞き取ることができれば、aider が動詞の原形であると推測することができるでしょう。

第 5 文の son assiette では、ほとんどの解答が son を正確に書き取れていましたが、assiette のつづりを *assiete* や *assiéte* などにした解答が多く、第 4 文での immédiatement 同様、アクサン記号や子音の連続が発音にどのように影響するのか正確な理解がためされました。l’évier はひじょうにむずかしく、正確な解答はほんのわずかでした。音だけから推測し単語を創作した例など意味をなさない答案が続出したほか、無回答もめだちました。

第6文の vider は *vidé*、*vide* とした誤答がめだちました。動詞 aller につづいていることに注意が向けば、動詞の原形を書けばよいことに気がつくことができたはずです。poubelle もむずかしく正確な解答は2割程度にとどまりました。前置詞 *pour* を書いた誤答のほか、*pouvelle*、*pourbelle*、*poubelles* などの誤答が散見しました。

『ラルースやさしい仏仏辞典 Niveau 1』の poubelle の項を見て、動詞 vider とともに使用された例もふくめた複数の例文（« Qui veut aller vider la poubelle ? » « Tous les matins, la concierge sort les poubelles de l’immeuble. »）を参照し、どのような動詞がこの名詞と組み合わされやすいのか確認するとよいでしょう。

第7文では、これまでの文章とはことなり動詞の現在時制が用いられます。il obéit は第2群規則動詞に分類される動詞 obéir の現在形の活用ですが、正解はほんのわずかでした。アクサン記号の脱落 il *obeit* がもっとも多い誤答例でした。2級の書き取りの問題で用いられる単語はそれほど難易度の高いものではありません。これまで学んだ単語のなかで文脈にふさわしいものは何か推測することも大切かもしれません。

つづいて同じ第7文の quand on lui demande も、現在形の動詞をはじめ基本的な単語が並ぶものの、すべてを正確に書きとるのは簡単ではなかったようです。quand on を *content* や *contre* というように1語に聞き取ってしまった解答が散見しました。一方、demande は受験者の多くが正確に書き取っていました。

最終文の un mystère の un は、直前の C’est とリエゾンしますが、ほとんどの受験者が正確に書けていました。いっぽう、mystère は、*mistaire*、*mistère*、*mystaire*、*mistere* などアクサン記号の脱落や i と y の書きまちがえなどがめだち、正確な答案は2割程度にとどまりました。

『ラルースやさしい仏仏辞典 Niveau 1』の mystère の項には、c’est un mystère の例文（« Comment les voleurs ont-ils pu rester dans le sous-sol de la banque sans se faire remarquer, c’est un mystère. »）のほか、成句的表現 faire des mystères の例文（« Tu en fais des mystères, va... dis ce que tu sais ! »）も載っていますので、この機会に確認しておきましょう。

解答 （読まれる文） Avant, mon fils ne faisait rien à la maison. Il ne rangeait pas sa chambre et ne faisait jamais son lit. À table, il regardait son téléphone portable en mangeant. Après le repas, il s'en allait immédiatement sans nous aider. Il ne rapportait même pas son assiette à l'évier. Il ne voulait jamais aller vider la poubelle. Pourtant, depuis huit jours, il obéit quand on lui demande de faire quelque chose. Pourquoi ? C'est un mystère.

聞き取り試験

1

（読まれるテキスト）

Le journaliste : C'est vrai que vous vous êtes rasé la tête il y a trois ans ?

Claire : Oui. Pour moi, se raser les cheveux, c'était juste une envie, rien de plus.

Le journaliste : Quelles étaient les réactions des gens ?

Claire : Dans la rue, des inconnus me regardaient d'une façon bizarre. Ils s'approchaient de moi, et m'insultaient quelquefois. C'était embarrassant.

Le journaliste : Comment avez-vous trouvé votre tête rasée ?

Claire : D'abord, je ne l'ai pas trouvée belle. J'ai dû m'habituer à la regarder d'une manière différente.

Le journaliste : Depuis l'année dernière, vous vous laissez de nouveau pousser les cheveux. C'est ça ?

Claire : Oui, parce que j'avais froid à la tête.

Le journaliste : Ça a changé quelque chose ?

Claire : J'ai compris qu'avoir les cheveux longs, ça faisait plaisir aux autres.

(読まれる質問)

un : Pourquoi Claire s'est rasé la tête ?

deux : Qu'est-ce qui s'est passé quand Claire s'est rasé les cheveux ?

trois : Est-ce que Claire a trouvé belle sa tête rasée ?

quatre : Pourquoi Claire s'est-elle de nouveau laissé pousser les cheveux ?

cinq : Qu'est-ce que Claire a compris, finalement ?

解説 対話を聞いたあと、それについての5つの質問を聞き、それに対する答えを完成させる問題です。あらかじめ問題冊子に印刷されている答えの文を読んでおくと、聞き取るべきポイントをある程度予測することができるでしょう。

対話は全部で3回読まれます。1回目に読まれる際には、全体の流れを把握することに努めましょう。次に質問が読まれますので、質問の内容をよく把握し、2回目に対話を聞くときにはポイントをおさえながら聞きましょう。

2回目に質問が読まれる際には、それぞれの質問文の間にポーズがおかれますので、その間に空欄をうめてください。2級では本文で用いられた単語をそのまま書けば答えになる場合が大半ですので、落ちついて聞きましょう。ただし、構文がことなるために、本文とは活用形などを変えなければならない場合もあります。どのような形に単語を変えれば同じ内容になるかを考えましょう。

3回目に対話が読まれる際には、自分が記入した答えが対話の内容に即しているかどうか、質問の形式に合っているか、聞きながら念入りにチェックしてください。そのうえで、十分に見なおして、自分の答えが正しくつづられているかどうか、性数一致や動詞の活用形などに文法上の誤りがないかどうかを確認してください。

今回、この問題全体の得点率は例年並みの42%でした。

読まれるテキストは、髪を剃った女性のClaireへのインタビューです。それでは、各設問をくわしく見ていきましょう。

(1)　第1の質問は「Claireはなぜ頭を剃ったのですか」という意味ですが、これはジャーナリストとClaireの最初のやりとりに対応します。「たしか、あなたは3年前に頭を剃ったのですね」と言うジャーナリストに向かって、Claireは、「はい。私は、頭を剃ることを単にしたかっただけで、それ以上ではありません」と答えます。Claireのこの発言通りに、空欄にはenvieを書き入れます。得点率は58%でした。envieではなく*vie*を記入した答案や無記入の答案が散見しました。

この問題のテーマとして繰り返し用いられるse raser la tête (les cheveux)「頭を（髪を）剃る」という表現について、『ラルースやさしい仏仏辞典 Niveau 1』のraserの項をひいてみましょう。2つの例文（« Aïe ! Tu piques ! Tu ne t'es pas rasé ce matin ? » « Tiens ! Tu t'es rasé la moustache ? — Oui, je trouve que ça me va mieux. »）の用法のちがいを説明できるでしょうか。前者は、代名動詞の再帰代名詞が直接目的語になっています。一方後者は、身体の部分 (la moustache) が直接目的語として動詞につづき、再帰代名詞は身体の部分の所有者を示す間接目的語となっています。代名動詞における再帰代名詞が直接目的語か間接目的語かという判断は、過去分詞の性数一致の際に大切になりますので、これらの例文を見ながら代名動詞の用法についてよく理解するようにしましょう。

(2)　第2の質問「Claireが髪を剃ったとき、何が起きましたか」は、読まれる文章のジャーナリストとClaireの2つ目のやりとりに対応します。ジャーナリストの2つ目の質問「人々の反応はどうでしたか」に、Claireは「通りで、知らない人たちが私をおかしなようすでじっと見ていました。私に近づいて、侮辱することもときどきありました」と答えます。Claireのこの発言通りに、問題冊子の1つ目の空欄にはinconnus（gens、passants、personnesも可）を、2つ目の空欄にはinsultaientを書き入れます。得点率はそれぞれ34%と11%でした。inconnusが書けずに、*unconnu*、*unconnusu*

などと書いた答案が散見しました。女性形複数の *inconnues* と書いた答案もありました。たしかに des inconnus の音は des inconnues と同一ですが、Claire は「私に近づいて〜」の箇所で主語として ils を用いているので、*inconnues* は誤りとわかります。また、insultaient の解答では、もっとも多かった無記入の答案のほか、*insulté*、*insulter* といった解答が散見しました。直前の動詞 s'approchaient に気がつけば、これに合わせて直説法半過去の3人称複数の活用にすればよいことがわかるはずです。用いられている単語を推測したのちに、それをどのような形にすればよいのか、印刷されている文をよく見るとヒントが隠れている場合があることを覚えておくとよいでしょう。

(3) 第3の質問は「Claire は剃った自分の頭を美しいと感じましたか」ということです。これは、ジャーナリストが「ご自分の剃った頭をどのようにお感じになりましたか」という発言に対して、Claire の「最初は、美しいとは思いませんでした。ちがった見方で見ることに慣れなければなりませんでした」という応答に対応します。Claire のこの発言通りに、問題冊子の1つ目の空欄には habituer（accoutumer も可）を、2つ目の空欄には différente を書き入れます。得点率はそれぞれ47%と33%でした。直前に devoir が用いられているため1つ目の空欄には動詞の原形が入るはずだということに気がつかずに *habitué* とした解答のほか、つづりのミス（*abituer* など）がありました。différente も、アクサン記号を脱落させ *differente* とした解答や、*different*、*différante* などつづりのミスが多数ありました。女性名詞である直前の manière に性数一致するため、形容詞を男性形にした *différent* は誤りです。

(4) 第4の質問は「なぜ Claire は、ふたたび髪をのばしたのですか」という意味です。これは、「昨年から、ふたたび髪をのばしていらっしゃる。そうですよね」と尋ねるジャーナリストの第4の質問への Claire の返答に対応します。彼女は「はい、頭が寒かったからです」と答えています。問題冊子の空欄には、froid が入ります。ここでも、*fois*、*frois* を中心につづりのミスがめだちました。froid を形容詞の女性形 *froide* にした解答もありましたが、ここでは avoir froid「寒い」という名詞としての用法ですので誤りです。得点率は45%でした。

(5)　第5の質問は「最終的にClaireは何を理解しましたか」となっています。これは、「そのことで（髪をふたたびのばしたことで）、何か変わりましたか」と尋ねるジャーナリストの最後の質問に対するClaireの返答に対応します。彼女は、「長い髪をしていると他人が喜ぶということを理解しました」と述べています。したがって、問題冊子の1つ目の空欄にはlongsが入ります。この形容詞がcheveuxという男性名詞の複数形に性数一致することを忘れて、*long*、*longue*、*longues*などとした誤答が大変めだちました。2つ目の空欄にはClaireの発言通りplaisirが入ります。得点率はそれぞれ、35%と73%でした。

longは基本的な単語ですが、『ラルースやさしい仏仏辞典 Niveau 1』の項を見ると複数の例文が載っていますので（« Les rideaux sont trop longs, ils traînent par terre. » « Il faut se mettre en robe longue pour le mariage ? » など）、この機会に形容詞が単数・複数、男性・女性でどのように語尾変化するのか復習しておきましょう。

解答　(1) (envie)　(2) (inconnus) (insultaient)
(3) (habituer) (différente)　(4) (froid)
(5) (longs) (plaisir)

2

（読まれるテキスト）

J'aimerais raconter une expérience très personnelle. Il y a cinq ans, j'ai appris que je souffrais d'une maladie du cœur. Un jour, j'ai passé un examen de santé à l'école. C'était obligatoire pour tous les enfants de 15 ans. J'étais très calme quand j'ai parlé avec le médecin. Je n'avais pas de soucis de santé, je me portais très bien et j'aimais beaucoup faire du sport. Donc, je n'aurais pas imaginé que je pouvais être malade. Pourtant, le médecin m'a conseillé d'aller tout de suite dans un hôpital. C'était pour voir un spécialiste des maladies du cœur. Je n'étais jamais allé dans un hôpital de ma vie.

Là-bas, j'ai compris que j'avais vraiment eu de la chance. À l'époque, les traitements proposés n'étaient plus aussi durs qu'au 20e siècle. C'est vrai que j'ai dû arrêter le sport pendant plus de quatre ans. Mais aujourd'hui, je suis enfin arrivé à reprendre une vie normale. Actuellement, je suis même président d'une équipe de football.

（読まれる内容について述べた文）

un : Henri a découvert sa maladie il y a quatre ans.
deux : Henri a passé un examen de santé parce qu'il avait un souci particulier.
trois : Henri aimait faire du sport quand il avait 15 ans.
quatre : Henri n'aurait jamais imaginé qu'il pouvait être malade.
cinq : Le médecin a conseillé à Henri d'aller dans un hôpital.
six : Avant 15 ans, Henri n'était jamais entré dans un hôpital.
sept : Les traitements proposés à Henri étaient plus durs qu'au 20e siècle.
huit : Henri a été obligé d'arrêter le sport pendant quatre mois.
neuf : Henri a finalement pu reprendre une vie normale.
dix : Henri est président d'une équipe de football.

解説 ある程度の長さの文章を聞いたあと、その内容について述べた10の短文を聞き、それぞれについて正誤を判断する問題です。最初に問題文が2回読まれます。1回目は、どんな人が語っているのか、いつ、だれが、どこで、何をしたのか、といったことに気をつけながら、全体を理解するよう努めましょう。2回目は、ポイントになりそうな場所、時間、数字などをメモしながら聞くとよいでしょう。つづいて10の短文が読まれます。それぞれについて、記憶とメモを頼りに正誤を判断してください。10の短文がもう1回読まれます。聞きまちがいがないかをチェックし、あやふやなものはこのときに確認してください。最後に、問題文がもう1回読まれます。10の短文で問題となっているポイントに注意しながらあらためてよく聞き、正誤を最終確認してください。

今回、この問題の全体の得点率は例年より高めで、83%でした。

Henriという若い男性が、心臓の病気の経験を語っています。10の短文をそれぞれくわしく見ていきましょう。

(**1**) 短文は、「Henriは4年前に病気を見つけた」という意味です。読まれるテキストの第2文で「5年前、私は、自分が心臓の病気にかかっていることを知った」と述べられていますから、短文はテキストの内容に一致しません。得点率は92%でした。

(**2**) 短文は、「Henriが健康診断を受けたのは、特別な心配があったからだ」という内容です。テキストの第3文で「ある日、学校で健康診断を受けた」と健康診断についての言及があり、その後、健康診断の描写がつづきます。第6文では、「私には健康の心配はなかったし、とても元気でスポーツをするのが大好きだった」とありますので、短文はテキストの内容に一致しません。最初に健康診断が話題になる第3文だけからでは判断できず、第6文の内容まで理解して答えなければならないことがポイントです。得点率は71%でした。

読まれるテキストの第6文ではavoir des soucis de santé「健康の心配がある」という言い回しが用いられています。『ラルースやさしい仏仏辞典 Niveau 1』のsouciの項を見ると、avoir des soucisの例文が載っているほか、文法事項の説明としてsoucis familiaux、soucis financiers、soucis de santéというように、形容詞あるいは名詞の補語とともに用いられることで、心配の原因を示すことがあると説明されています。

(**3**) 短文は、「Henriは15歳のころ、スポーツをするのが好きだった」という内容です。テキストの第4文では、「それは（健康診断は）、15歳の子ども全員の義務であった」と述べられており、健康診断の時点では15歳であったとわかります。さらに、第6文では先ほど確認したように「スポーツをするのが大好きだった」とありますので、短文はテキストの内容に一致します。問題(2)と同様、読まれるテキストの複数の文から判断することが求められます。得点率は86%でした。

(4) 短文は、「Henriは、自分が病気になるかもしれないとは、けっして想像できなかっただろう」という意味です。テキストの第7文に「だから、自分が病気になるかもしれないとは想像できなかっただろう」とありますから、短文はテキストの内容に一致します。得点率は92%でした。

なお、短文とテキストともに条件法過去が用いられていますが、これらは過去の事柄に関する語調の緩和を表わします。『ラルースやさしい仏仏辞典 Niveau 1』のjamaisの項を見ると、条件法過去の語気緩和の用法が載っていますので（« Je n'aurais jamais pensé qu'il réussirait son examen ! »)、この機会に条件法のさまざまな用法を確認しておきましょう。

(5) 短文は、「医者はHenriに病院へ行くようにすすめた」という意味です。テキストの第8文には「けれども、医者はすぐに病院へ行くようにと私にすすめた」とありますので、短文はテキストの内容に一致します。得点率は93%でした。

(6) 短文は、「15歳になるまで、Henriは病院に入ったことが1度もなかった」という内容です。テキスト第9文から第10文にかけて「それは（病院へ行くようにと医者がすすめたのは)、心臓の病気の専門家に診察してもらうためであった。私は、生まれてこのかた病院に入ったことは1度もなかった」と述べられています。先ほど確認した通り、心臓の病気を見つけるきっかけとなった健康診断は15歳のときのものでしたので、読まれるテキストの「生まれてからこのかた」という言い回しは短文の「15歳になるまで」と同じ内容を指しています。そのため、短文はテキストの内容に一致します。得点率は72%でした。

読まれるテキストのde ma vieは「生まれてこのかた」、「けっして」という意味の成句的表現です。この表現に関連して『ラルースやさしい仏仏辞典 Niveau 1』のdeの項をひいてみましょう。deのあとには期限（過去における期日）あるいは期間を示す時の補語がつづくことがあり、例文（« Que devient Jacques ? — Je ne sais pas, je ne l'ai pas vu de toute la semaine. »）の de は pendant の類義語であると説明されています。

(7)　短文は、「Henri に提案された治療は、20 世紀においてよりも辛いものだった」という意味です。テキストの第 11 文から第 12 文にかけて「そこで（病院で）、自分が本当に幸運であったと私は理解した。当時提案された治療は、20 世紀においてほど辛いものではもはやなくなっていた」と述べられています。短文はテキストとは逆のことを述べていますので、その内容とは一致しません。読まれるテキストの第 12 文は、ne ... plus「もはや～でない」という否定文と、aussi ... que「同じくらい～だ」という同等比較の否定「～ほど…でない」が同時に成立し、「～ほど…ではもはやない」という文になっています。聞いて理解することがむずかしかったようで得点率は 48％でした。

『ラルースやさしい仏仏辞典 Niveau 1』の aussi の項を見ると、aussi ... que の否定文の例（ « Paul a accepté notre projet, il n'est pas aussi exigeant que je croyais. »）が載っているほか、同書の plus の項には、ne ... plus から発展した ne ... plus que「もう～しか…ない」の例文（« Pierre venait souvent avant, maintenant on ne le voit plus qu'une fois par mois. »）が載っています。基本的な表現をもとにした応用表現を見抜くことができるようにふだんから気をつけましょう。

(8)　短文は、「Henri は 4ヵ月間、スポーツをやめなければならなかった」という意味です。テキストの第 13 文で、「4 年以上もの間、スポーツをやめなければならなかったのは本当です」と述べられていますから、短文はテキストの内容に一致しません。得点率は 88％でした。

「～しなければならなかった」という意味の表現として、テキストでは devoir が、短文では être obligé de がそれぞれ用いられていますが、『ラルースやさしい仏仏辞典 Niveau 1』の obliger の項をひくと、être obligé de + *inf.* の例文のほかに、さまざまな類義表現（Il faut que ...、être tenu de ...、être dans l'obligation de ...、être astreint à ...）が紹介されていますので、用いられてる前置詞のちがいにも注意しながら語彙をふやすとよいでしょう。

(9) 短文は、「Henri は最終的に通常の生活にもどることができた」という内容です。テキストの第 14 文には、「けれども、今日ではついに通常の生活をとりもどすにいたりました」とありますので、短文はテキストの内容に一致します。得点率は 95%でした。

(10) 短文は、「Henri はサッカーチームの代表である」という意味です。テキストの最後の文には、「いまでは、私はサッカーチームの代表すら務めている」と述べられていますので、短文はテキストの内容に一致します。得点率は 96%でした。

解答　(1) ②　(2) ②　(3) ①　(4) ①　(5) ①
(6) ①　(7) ②　(8) ②　(9) ①　(10) ①

1 次試験配点表

筆記試験	1	2	3	4	5	6	7	小計	書き取り	小計	聞き取り	1	2	小計	合計
	4点	10	10	10	10	14	10	68		14		8	10	18	100

2 次 試 験

解 説

面接試験は、フランス語を第一言語とする委員と日本語を第一言語とする委員が 1 組になっておこないます。試験時間は約 5 分です。明るく Bonjour ! とあいさつしながら入室しましょう。面接委員が受験者の名前を確認したあと、あらかじめ用意された質問のなかから受験者に適当と思われるものを選んで質問します。それを糸口にして会話が始まります。

面接試験では、日常生活と関連のある話題について、基本的なフランス語表現を使ってコミュニケーションをすることができるかどうかが問われます。したがって、リラックスして会話を楽しもうという姿勢がなによりも大切です。どんな質問をされても、日本語で会話をするときと同じように、自分の答えやすい形で答え、さらに、自分の話したいことを付け加えていけば、面接委員との間に自然な会話が進んでいきます。

質問がよく聞き取れなかったり、質問の意味がよくわからなかったりした場合も、あわてることはありません。率直に、Je ne comprends pas très bien votre question. Vous pouvez répéter, s'il vous plaît ? などと伝えましょう。そうすれば、面接委員は、同じ質問をゆっくりと繰り返したり、わかりやすく言いかえたりしてくれるはずです。

質問に答える際には、問われた部分に単語 1 語だけで答えるのは避けるべきです。今回出題された質問を例にとれば、Aimez-vous les animaux ? と質問されて、Oui. または Non. とだけ答えてそれで終わりにしないことです。答えが Oui. であるならば、わざわざ質問されなくても、どんな動物が好きなのか自発的に付け加えましょう。たとえば犬が好きならば犬と遊んだときの話を発展させる、あるいはテレビや動物園で動物を眺めるのが好きだなどと話を発展させることもできるでしょう。動物が好きでない場合でも、Non. と答えただけで黙ってしまえば会話は先に進みません。嫌いになった理由を付け加えることもできますし、自分は嫌いでも家族や友人のなかで動物が好きな人の例をあげることで、家族や友人について話題を転換するきっかけになります。

質問そのものには、正解も不正解もありません。あくまで会話を始めるきっかけにすぎないのです。面接委員は、この質問を出発点にして、受験者がどれだけ充実した会話をつづける能力をもっているのかを見きわめようとしています。ゆっくりでいいですから、ていねいに文を組み立てながら、できるだけ積極的に自分のことを面接委員に伝えることが、スムーズな会話の流れにつながります。そして、試験時間が終了して退出するときには、Au revoir, bonne journée ! などとあいさつをして退出しましょう。

面接試験の対策としては、まずはできるだけフランス語を聞く機会をふやすことです。教材 CD だけでなく、インターネットや衛星放送、映画など、さまざまなメディアを学習環境や好みに合わせて活用し、日常的にフランス語の音声にふれて耳を慣らすように心がけましょう。

会話の練習のためにフランス語母語話者と話す機会があまりなくても、どんな形でもいいですから、ある程度の長さのフランス語を声に出して発音することを心がけてみてください。録音されたテキストを聞きながら、できるだけ遅れないでいっしょに発音してみてもよいでしょう。録音された音声のイントネーションや息づかいに合わせられるまで何度も繰り返して発声しているうちに、少しずつフランス語を「話す」ことに身体が慣れていくはずです。話す訓練は、実際に声に出してみないことには始まりません。同じようにフランス語を学ぶ仲間がいれば、おたがいに日本語母語話者であってもフランス語での会話に挑戦してみてはどうでしょうか。

2022年度秋季
実用フランス語技能検定試験
筆記試験問題冊子　〈2 級〉

問題冊子は試験開始の合図があるまで開いてはいけません。

筆　記　試　験	14 時 00 分 ～ 15 時 30 分 (休憩 20 分)
書き取り 聞き取り　試験	15 時 50 分から約 35 分間

◇**筆記試験と書き取り・聞き取り試験の双方を受験しないと欠席になります。**

◇問題冊子は表紙を含め 12 ページ、全部で 7 問題です。

注　意　事　項

1　途中退出はいっさい認めません。

2　筆記用具は **HB または B の黒鉛筆** (シャープペンシルも可) を用いてください。ボールペンや万年筆等でマークした解答は機械による読み取りの対象とならないため、採点されません。

3　解答用紙の所定欄に、**受験番号**と**カナ氏名**が印刷されていますから、まちがいがないか、**確認**してください。

4　**マーク式の解答は、解答用紙の解答欄にマークしてください**。たとえば、1の (1) に対して ③ と解答する場合は、次の例のように解答欄の ③ にマークしてください。

例　1

解答番号	解　答　欄
(1)	① ② ● ④ ⑤ ⑥ ⑦ ⑧

5　記述式の解答の場合、正しく判読できない文字で書かれたものは採点の対象となりません。

6　解答に関係のないことを書いた答案は無効にすることがあります。

7　解答用紙を折り曲げたり、破ったり、汚したりしないように注意してください。

8　問題内容に関する質問はいっさい受けつけません。

9　不正行為者はただちに退場、それ以降および来季以後の受験資格を失うことになります。

10　**携帯電話等の電子機器の電源はかならず切って、かばん等にしまってください**。通信機能のある時計は使用を禁じます。

11　**時計のアラームは使用しないでください**。

12　この試験問題の複製 (コピー) を禁じます。また、この試験問題の一部または全部を当協会の許可なく他に伝えたり、漏えいしたりすることを禁じます (インターネットや携帯サイト等に掲載することも含みます)。

1

次の (1) ～ (4) の (　　) 内に入れるのにもっとも適切なものを、下の ① ～ ⑧ のなかから 1 つずつ選び、解答欄のその番号にマークしてください。ただし、同じものを複数回用いることはできません。なお、① ～ ⑧ では、文頭にくるものも小文字にしてあります。(配点　4)

(1) Je dois mettre de l'argent (　　) côté pour ma retraite.

(2) Le départ est (　　) bientôt.

(3) Peux-tu accrocher ce tableau (　　) la hauteur des yeux ?

(4) (　　) toute attente, son projet a été refusé.

① à	② contre	③ de	④ derrière
⑤ en	⑥ entre	⑦ pour	⑧ sur

（解説・解答 ▶ p.92）

2

次のフランス語の文 (1) ～ (5) が、それぞれあたえられた日本語の文が表わす意味になるように、(　　) 内に入れるのにもっとも適切な語 (各 1 語) を解答欄に書いてください。(配点　10)

(1) Elle a fait (　　) faute à l'écrit.
彼女は筆記試験でひとつもまちがえなかった。

(2) Il a eu ce terrain pour (　　).
彼はこの土地をただ同然で手に入れた。

(3) Il sent tellement (　　), ce savon !
この石けん、いいにおいだね！

(4) J'ai attendu mon (　　) une heure au guichet.
私は窓口で自分の番を 1 時間待った。

(5) Tu réussiras à (　　) sûr !
きっとうまくいくよ！

（解説・解答 ▶ p.93）

3　次の (1) ～ (5) について、**A**、**B** がほぼ同じ意味になるように、(　　) 内に入れるのにもっとも適切なものを、下の語群から 1 つずつ選び、必要な形にして解答欄に書いてください。ただし、同じものを複数回用いることはできません。(配点　10)

(1) **A** À cause de la grève, Jean ne pourra pas poster ces lettres par avion.
B Sans la grève, Jean (　　) ces lettres par avion.

(2) **A** Le peuple souffrira d'une grave crise économique due à cette décision du Président.
B Cette décision du Président (　　) le peuple à souffrir d'une grave crise économique.

(3) **A** Mes filles imitaient toujours mes tenues vestimentaires.
B Mes filles (　　) toujours comme moi.

(4) **A** On a remis la fête à deux semaines plus tard.
B La date de la fête (　　) de deux semaines.

(5) **A** Tu dois défendre ta proposition.
B Il faut que tu (　　) ta proposition.

aller	amener	envoyer	progresser
reculer	se porter	s'habiller	soutenir

(解説・解答 ▶ p.96)

4　次の文章を読み、(1) ~ (5) に入れるのにもっとも適切なものを、それぞれ右のページの ① ~ ③ のなかから1つずつ選び、解答欄のその番号にマークしてください。(配点 10)

On parle souvent de l'utilité du don du sang*, mais le don de lait maternel est moins connu. Cet été, Sarah a participé à une opération de don du lait menée à l'initiative de l'hôpital pour enfants de Besançon. Le lait a été donné à des bébés qui étaient nés trop tôt. (1) pour prendre du poids et des forces.

Sarah explique : « Je ne connaissais pas ce système, mais une infirmière m'en a parlé avant mon accouchement. J'ai rencontré aussi plusieurs parents qui souffraient vraiment (2). Je me suis mise à la place des papas et des mamans (3) pour vivre et grandir. Après avoir accouché, je me suis proposée pour leur apporter mon soutien. L'hôpital m'a prêté un appareil pour tirer mon lait. » Sarah affirme que c'est aussi grâce à son mari qu'elle (4) participer à ce projet de don. En effet, tous les jours, il (5) la préparation de l'appareil en respectant les recommandations de l'hôpital.

* don du sang : 献血

(1) ① Elle leur en a donné
② Il n'en fallait pas
③ Ils en avaient besoin

(2) ① de perte de poids
② du manque de lait
③ en absence de bébés

(3) ① auxquels les infirmières donnent du lait
② dont les bébés se battent
③ qui donnent du lait à leurs bébés

(4) ① a dû
② a pu
③ ne voulait pas

(5) ① a occupé
② n'était pas occupé pour
③ s'est occupé de

（解説・解答 ▶ p.98）

5　次の文章は、Mehdi に対するインタビューの一部です。インタビュアーの質問として（ 1 ）～（ 5 ）に入れるのにもっとも適切なものを、右のページの ① ～ ⑦ のなかから 1 つずつ選び、解答欄のその番号にマークしてください。（配点　10）

La journaliste : Vous êtes patron du restaurant oriental « Casablanca ». (1)

Mehdi : Oui. Nous allons fêter le 50e anniversaire l'an prochain.

La journaliste : (2)

Mehdi : C'est mon oncle Karim. À cette époque, il paraît que la salle était toujours remplie.

La journaliste : (3)

Mehdi : Pas du tout ! Il y a des clients fidèles depuis le début. Mais j'aimerais aussi en avoir de nouveaux.

La journaliste : (4)

Mehdi : Je souhaite surtout attirer l'attention des jeunes. Nous avons des menus variés et assez bon marché.

La journaliste : (5)

Mehdi : Je crois que c'est son ambiance familiale. Alors, venez nombreux !

① À quel type de public pensez-vous ?

② Aujourd'hui, y a-t-il moins de clients qu'avant ?

③ Est-ce que la maison a une longue histoire ?

④ Où se trouve votre restaurant ?

⑤ Qu'est-ce qui fait le charme de votre restaurant ?

⑥ Qui dirigeait le restaurant au début ?

⑦ Qui va fêter son 50e anniversaire ?

(解説・解答 ▶ p.100)

6　次の文章を読み、右のページの (1) ～ (7) について、文章の内容に一致する場合は解答欄の ① に、一致しない場合は ② にマークしてください。(配点　14)

Samedi 19 février, une jeune femme de 25 ans, Stéphanie Claudon, a été tuée dans un accident de chasse en Auvergne. Elle marchait avec son copain dans la montagne lorsqu'elle a reçu un coup de feu. La responsable était une lycéenne de 17 ans qui participait à une chasse aux sangliers*. La mort de la victime, décrite par un voisin comme une femme extrêmement gentille, ne va pas sans soulever de nouveau les discussions autour de la chasse. Car cet accident en rappelle plusieurs autres qui ont eu lieu récemment dans la même région. Il y a moins d'un an, un jeune homme de 23 ans, Léo Caen, a été touché par une balle, tirée par un autre jeune homme de 15 ans. Celui-ci l'avait pris pour un sanglier.

En France, toute personne souhaitant chasser seule doit avoir un permis. Il est possible d'obtenir cette autorisation à partir de 16 ans. Les enfants de 15 ans minimum peuvent aussi chasser à condition d'être accompagnés de quelqu'un qui a le permis depuis cinq ans et dont ils utilisent l'arme. Aujourd'hui, un million de Français ont un permis de chasse, ce qui ne représente que 2 % de la population. Beaucoup plus nombreux sont ceux qui profitent de la forêt pour d'autres activités : faire des promenades à pied ou à vélo, cueillir des champignons, prendre des photos… Comment protéger ces personnes sans interdire la chasse ?

* sanglier : イノシシ

(1) Stéphanie Claudon était seule lorsqu'elle a eu un accident de chasse.

(2) Stéphanie Claudon était connue pour sa grande gentillesse.

(3) Le cas de Stéphanie Claudon est le seul accident de chasse qui ait eu lieu en Auvergne depuis un an.

(4) La personne qui a tiré sur Léo Caen a cru qu'il était un sanglier.

(5) En France, tout le monde peut avoir le permis de chasse dès 16 ans.

(6) En France, un enfant de dix ans peut utiliser une arme de chasse.

(7) En France, le nombre des chasseurs est moins important que celui des gens qui vont dans les bois pour d'autres activités.

（解説・解答 ▶ p.102）

7　次の対話を読み、(1) ～ (5) に入れるのにもっとも適切なものを、それぞれ右のページの ① ～ ④ のなかから 1 つずつ選び、解答欄のその番号にマークしてください。(配点 10)

Monique : Tu sais, avec ma carte de membres de ce musée, j'ai un tarif réduit.

Yves : Moi, je n'ai pas de carte, mais j'ai un bon* de réduction.

Monique : Ah bon ? Où est-ce que tu (1) ?

Yves : Sur Internet. N'importe qui peut en télécharger** un.

Monique : (2) ! Alors, à quoi elle sert, ma carte ?

Yves : Tu l'as payée ?

Monique : (3) ! Mais je ne l'aurais pas achetée si j'avais entendu parler de ces bons.

Yves : Tu aurais eu tort. Parce qu'avec la carte et le bon, le prix est (4).

Monique : Alors, moi aussi je vais télécharger un bon.

Yves : (5) : ces bons sont valables pour deux personnes. Le mien suffit.

* bon : クーポン

** télécharger : ダウンロードする

(1)
① en prenais avant
② l'as trouvé
③ le vendras
④ vas le jeter

(2)
① Ça m'est égal
② Ça tombe mal
③ Je ne savais pas
④ Tant pis

(3)
① Évidemment
② Généralement
③ Habituellement
④ Ordinairement

(4)
① deux fois plus cher
② en augmentation
③ encore à définir
④ encore moins cher

(5)
① Ce n'est pas la peine
② Ce n'est pas possible
③ C'est raisonnable
④ C'est une bonne idée

（解説・解答 ▶ p.104）

2022年度秋季
実用フランス語技能検定試験
聞き取り試験問題冊子　〈２級〉

書き取り・聞き取り試験時間は、
15 時 50 分 から 約 35 分 間

先に書き取り試験をおこないます。解答用紙表面の書き取り試験注意事項をよく読んでください。書き取り試験解答欄は裏面にあります。

この冊子は指示があるまで開かないでください。

◇**筆記試験と書き取り・聞き取り試験の双方を受験しないと欠席になります。**

◇問題冊子は表紙を含め 4 ページ、全部で 2 問題です。

書き取り・聞き取り試験注意事項

1　途中退出はいっさい認めません。

2　書き取り・聞き取り試験は、CD・テープでおこないます。

3　解答用紙の所定欄に、**受験番号**と**カナ氏名**が印刷されていますから、まちがいがないか、**確認**してください。

4　CD・テープの指示にしたがい、中を開いて、日本語の説明をよく読んでください。フランス語で書かれた部分にも目を通しておいてください。

5　解答はすべて別紙の書き取り・聞き取り試験解答用紙の解答欄に、**HB または B の黒鉛筆**（シャープペンシルも可）で記入またはマークしてください。ボールペンや万年筆等でマークした解答は機械による読み取りの対象とならないため、採点されません。

6　問題内容に関する質問はいっさい受けつけません。

7　**携帯電話等の電子機器の電源はかならず切って、かばん等にしまってください。**通信機能のある時計は使用を禁じます。

8　**時計のアラームは使用しないでください。**

9　この試験問題の複製（コピー）を禁じます。また、この試験問題の一部または全部を当協会の許可なく他に伝えたり、漏えいしたりすることを禁じます（インターネットや携帯サイト等に掲載することも含みます）。

書き取り・聞き取り試験

（試験時間：約 40 分間）

書き取り試験

注意事項

フランス語の文章を、次の要領で 4 回読みます。全文を書き取ってください。

- 1 回目、2 回目は、ふつうの速さで全文を読みます。内容をよく理解するようにしてください。
- 3 回目は、ポーズをおきますから、その間に書き取ってください（句読点も読みます）。
- 最後に、もう 1 回ふつうの速さで全文を読みます。
- 読み終わってから 3 分後に、聞き取り試験にうつります。
- 数を書く場合は、算用数字で書いてかまいません。（配点　14）

［ 音声を聞く順番 ］ 08 → 08 → 09 → 08

（解説・解答 ▶ p.107）

聞き取り試験

1

- まず、Anne と Xavier の対話を聞いてください。
- つづいて、それについての 5 つの質問を読みます。
- もう 1 回、対話を聞いてください。
- もう 1 回、5 つの質問を読みます。1 問ごとにポーズをおきますから、その間に、答えを解答用紙の解答欄にフランス語で書いてください。
- それぞれの (　　) 内に 1 語入ります。
- 答えを書く時間は、1 問につき 10 秒です。
- 最後に、もう 1 回対話を聞いてください。
- 数を記入する場合は、算用数字で書いてください。

(メモは自由にとってかまいません) (配点　8)

［ 音声を聞く順番 ］ 10 → 11 → 10 → 12 → 10

(1) Parce qu'il y a une grande (　　) donnant sur un champ de (　　).

(2) Non, elle commence à (　　) au moment où Xavier se met au (　　).

(3) Elle passe l'(　　) et fait la (　　).

(4) Parce qu'il a pensé que cela ne (　　) à rien.

(5) Environ (　　) fois.

（解説・解答 ▶ p.110）

2

- まず、Marius の話を 2 回聞いてください。
- 次に、その内容について述べた文 (1) ～ (10) を 2 回通して読みます。それぞれの文が話の内容に一致する場合は解答欄の ① に、一致しない場合は ② にマークしてください。
- 最後に、もう 1 回 Marius の話を聞いてください。

(メモは自由にとってかまいません) (配点　10)

［ 音声を聞く順番 ］ ⓭ → ⓭ → ⓮ → ⓮ → ⓭

（解説・解答 ▶ p.114）

2 次 試 験

試験方法

○2次試験は個人面接です（面接時間：5分）。
○指示にしたがい試験室に入室し、はじめに氏名の確認がありますから、フランス語で答えてください。
○次に、面接委員によりフランス語で質問がありますから、フランス語で答えてください。

＊注意＊　試験入室前に携帯電話等の電子機器の電源を切ってください。

◆ Le jury choisit un(des) sujet(s) dans la liste en fonction des intérêts de chaque candidat.

1. Aimez-vous faire la cuisine ?
2. Comment avez-vous passé le 31 décembre ?
3. En général, vous vous levez tôt le matin ?
4. Faites-vous souvent des achats sur Internet ?
5. Préférez-vous vivre en ville ou à la campagne ?
6. Présentez-nous un membre de votre famille.
7. Qu'est-ce que vous allez faire ce soir ?
8. Qu'est-ce que vous faites quand vous êtes fatigué(e) ?
9. Quel genre de films aimez-vous ?
10. Regardez-vous souvent la télévision ?

(解説 ▶ p.119)

2022 年度秋季 2 級

今季の出願者は 1114 名（うち 1 次試験免除者数 38 名）、1 次試験の実受験者数は 933 名でした。また 1 次試験の合格者は 322 名（対受験者合格率 34.5%）、1 次試験の平均点は 56 点でした。1 次試験免除者をくわえた 2 次試験の実受験者は 343 名、1 次試験と 2 次試験の両方に合格した最終合格者数は 303 名（最終合格率 31.8%）でした。

出題内容のあらまし

1 次［筆記］

1 前置詞（穴うめ・選択）
2 フランス語文の完成（和文つき／穴うめ・記述）
3 フランス語文の完成（動詞を選択活用／穴うめ・記述）
4 説明文（ドナーミルク／穴うめ・選択）
5 インタビュー（オリエンタルレストラン／穴うめ・選択）
6 説明文（狩猟事故／内容一致・選択）
7 対話文（博物館割引クーポン／穴うめ・選択）

［書き取り］ 談話文（散歩の副産物）

［聞き取り］

1 対話文（騒音問題／仏問仏答完成／穴うめ・記述）
2 談話文（トラックハウス／内容一致・選択）

2 次［面接］（個人面接方式）受験者が試験室に入室後、面接委員がフランス語で質問し、受験者がそれに答える。（試験時間約 5 分間）

1 次 試 験

筆記試験

解説・解答

1　**解説**　適切な前置詞を選択する問題です。前置詞に関しては、基本的な前置詞がどういう機能をはたすのか、辞書で確かめておくことと同時に、動詞や形容詞、名詞を学ぶ際に、それと結びついて用いられる前置詞をいっしょに覚えておくことが大切です。そうすることできちんとしたフランス語の文章を作って話したり書いたりできますし、読んだり聞いたりする場合にも正確に理解できるものです。

今回のこの問題の全体の得点率は25%で、例年よりかなり低い結果でした。設問ごとにくわしく見ていきましょう。

(1)　Je dois mettre de l’argent (de) côté pour ma retraite.「退職したときのために私は貯金しなくてはいけない」という意味です。名詞 côté は「横」、「脇腹」、「側面」などの意味で使われる名詞であることはよく知っているでしょう。mettre qqch de côté は「～を別に取っておく」という意味の動詞句ですから、前置詞の de を空欄に入れれば正解です。*à* や *en* を選んだ受験者が多く、得点率は32%でした。

この機会に『ラルースやさしい仏仏辞典 Niveau 1』の côté の項をひき、この設問で使われている mettre qqch de côté だけでなく、その他の用法の例文（« Écoute, Pierre et moi, c’est fini, alors tu choisis si tu es de mon côté ou du côté de Pierre. » など）と説明をよく読んでみましょう。自分で同じ文が作れるかためしたり、同意表現や反意表現に注目したりすると単語を確実に身につけ、語彙をふやすことができます。

(2)　Le départ est (pour) bientôt.「もうじき出発だ」という意味です。「まもなく」、「近いうちに」という意味の副詞 bientôt を「じゃあまた」、「近いうちにね」の意味で使う場合には à bientôt という副詞句になりますから、前

置詞 *à* を空欄に入れた受験者が4割以上いましたが、この場合は「もうじき」、「間近に迫って」を意味する副詞句 pour bientôt が使われていますから、空欄には予定を示す pour が入ります。得点率は17%でした。

『ラルースやさしい仏仏辞典 Niveau 1』の pour の項をひき、さまざまな例文（« Alors, c'est pour aujourd'hui ou pour demain ? » など）を読み、そこで使われている用法がきちんと身についているか、自分で使えるか確認するとよいでしょう。

(3) Peux-tu accrocher ce tableau (à) la hauteur des yeux ?「この絵を目の高さの所に掛けてくれるかい？」という意味です。名詞 hauteur には「高さ」、「高地」といった意味があり、「〜の高さに」の意味では à la hauteur de qqch を使います。したがって空欄には à が入ります。半数近くが *sur* を選んでおり、得点率は11%でした。

『ラルースやさしい仏仏辞典 Niveau 1』の hauteur の項をひくと、この表現のちがう意味が例文（« Il marchait derrière moi et, arrivé à ma hauteur, il s'est arrêté pour me dire bonjour. » など）とともに説明されています。同義表現として何があげられているかわかりますか。すでに知っていると思っていても意外に身についていない用法があるものです。熟読することをおすすめします。

(4) (Contre) toute attente, son projet a été refusé.「予想に反して、彼の計画は拒否された」という意味です。「待つこと」、「予想」という意味の名詞 attente は attendre の派生語として知っているでしょうが、「予想に反して」、「まったく意外なことに」といった意味では contre toute attente が使われます。得点率は41%でした。

この機会に『ラルースやさしい仏仏辞典 Niveau 1』の attendre の項をひき、例文（« Je ne m'attendais pas à vous voir aujourd'hui. » など）と説明をよく読み、この動詞の用法が身についているか確認してみましょう。

解答 (1) ③　(2) ⑦　(3) ①　(4) ②

2 **解説** 自然な日本語の文をフランス語の文に書きかえる際に必要となる単語を空欄に記す問題です。日本語の文がフランス語の文と1

語 1 語対応しているとはかぎりませんから、日本語の文の内容をよく理解して、それを自然なフランス語にするとどういう表現が可能かを推測したうえで問題文をよく検討してください。

今回のこの問題全体の得点率は 25%で、例年より高い数字になりました。それでは 1 問ずつくわしく見ていきましょう。

(1) 「彼女は筆記試験でひとつもまちがえなかった」という日本語の文のなかで、「ひとつもまちがえなかった」に対応するフランス語の表現として何を思いつくでしょうか。Elle a fait (　　) faute à l'écrit. と印刷されているのを見て、zéro には形容詞としての用法があり、faire zéro faute「ひとつのまちがいもしない」という表現があることを思い出せば正解に到達します（算用数字の 0 でも可）。得点率は 1%に達しませんでした。誤答としては *sans*、*aucun*、*aucune*、*nul*、*rien* などがありました。*aucune* を使う場合には、Elle n'a fait aucune faute となりますから、印刷された文には n' がないので適さないと判断できるでしょう。

『ラルースやさしい仏仏辞典 Niveau 1』の zéro の項をひき、例文（« Alain a eu un zéro en maths, il a complètement raté son devoir. » など）を正確に理解し、自分でもそのような文をきちんと書けるか確認してみることをおすすめします。

(2) 「彼はこの土地をただ同然で手に入れた」という日本語の文のなかで「ただ同然で」が空欄をふくむ pour (　　) に対応するのであろうと想像できますから、前置詞 pour とともに「無料で」、「ただ同然で」の意味で使う rien を入れることはむずかしくないでしょう。得点率は 33%でした。誤答としては *gratuit*、*gratuite*、*libre* などがありましたが、いずれも「無料で」の意味で前置詞 pour に導かれることはありません。

この機会に『ラルースやさしい仏仏辞典 Niveau 1』の rien の項をひき、そこに載っている例文（« Tu as payé ça cher ? — Oh non ! Je l'ai eu pour rien. » など）と説明をよく読むとよいでしょう。その他の用法にも注目すると、知っていると思っている単語でも意外に身についていない使い方があることがわかるでしょう。

(3) 「この石けん、いいにおいだね！」という日本語の文のなかで、「いいにおいだね」がIl sent tellement (　　) に対応していることはすぐにわかるでしょう。そこでsentir bonという、よく知っているはずの表現を思い出せば正解に到達できます。この表現ではbonは副詞ですから性数の変化はしません。得点率は59%でした。誤答としては*bien*、*beau*、*bonne*、*odeur*などがありました。

『ラルースやさしい仏仏辞典 Niveau 1』のsentirの項をひき、sentir qqch ou adv. の例文（« Tu sens bon, quel est ton parfum ? » など）を読むだけでなく、その他の表現にも注目し、同義表現も熟読すると、語彙をふやすことができます。

(4)「私は窓口で自分の番を1時間待った」という日本語の文に対応するフランス語がJ'ai attendu mon (　　) une heure au guichet. と印刷されています。「自分の番」に対応する表現mon tourが思い出せればtourが入るとわかるでしょう。得点率は31%でした。誤答としては*ordre*、*place*、*tourne*、*temps*、*nombre*、*part*などがありました。

この機会に『ラルースやさしい仏仏辞典 Niveau 1』のtourの項をひき、男性名詞と女性名詞の2つの項目があることを確認してから、この設問で使われている男性名詞の項にあげられているさまざまな表現を、例文（« Les élèves ont été reçus à tour de rôle par le professeur. » など）を熟読しながら確認しておくとよいでしょう。

(5)「きっとうまくいくよ！」という日本語の文のなかで「きっと」に対応する箇所がフランス語でà (　　) sûrと印刷されていますから、適切な副詞句を考えれば、à coup sûrを思いつくでしょう。coupを入れれば正解です。得点率は3%でした。誤答としては*bien*、*passer*、*aller*などがありました。

『ラルースやさしい仏仏辞典 Niveau 1』のcoupの項をこの機会に読み、そこに載っているさまざまな表現を例文（« J'ai compris après coup pourquoi il m'avait dit ça. »）とともに熟読しておくとよいでしょう。よく知っていると思っている単語でも、意外に身についていない表現があるものです。

解答　（1）zéro　（2）rien　（3）bon　（4）tour　（5）coup

3 **解説**　2つの文**A**と**B**があたえられており、**B**の文には1語だけ空欄があります。**A**と**B**がほぼ同じ意味になるように、不定詞の形であたえられた8つの動詞のなかから適切なものを選び、それを必要な形に活用させて空欄をうめるという問題です。せっかく正しい動詞を選んでも、時制と叙法でまちがえたり、活用形のつづりをきちんと書けなかったりする受験者が少なくありません。日ごろから手を使って活用の練習をしておけば試験の際に迷うことはないでしょう。

問題全体の得点率は15%で、例年より低い結果でした。それでは各設問をくわしく見ていきましょう。

(1)　**A**の文は「ストのせいでJeanはそれらの手紙を航空便で送れないでしょう」と訳せるでしょう。**B**の文は「ストがなければ、Jeanはそれらの手紙を航空便で～でしょうに」という意味ですから、空欄には「(手紙を) 送る」を意味する動詞envoyerを条件法現在3人称単数にしてenverraitを入れればよいとわかるでしょう（「送れたでしょうに」と解釈して条件法過去3人称単数aurait envoyéにしても正解です)。得点率は4%でした。誤答としては*envoyera*、*envoyerait*、*envoierait*、*envoiera*、*enverra*などがあり、envoyerの活用があやふやな受験者が多かったようです。動詞の活用は何度も手で書いて練習しないと身につかないものです。

また、envoyerを『ラルースやさしい仏仏辞典Niveau 1』で調べてみるとよいでしょう。多様な例文（« Qu'est-ce qui te prend d'envoyer tous tes livres par terre ? » など）がきちんと理解できているでしょうか。

(2)　**A**の文は「大統領のその決定による重大な経済危機で民衆は苦しむでしょう」という意味です。**B**の文は「大統領のその決定によって、重大な経済危機で民衆が苦しむことに～でしょう」という意味になると想像できますから、**B**のフランス語の文に前置詞àがあることに注目すれば、空欄には前置詞àと組み合わせてamener qqn à + inf.の構文で「～を…するようにしむける」を意味する動詞amenerを直説法単純未来3人称単数amèneraにして入れればよいとわかるでしょう。得点率は8%でした。誤答としては、正しい動詞を選びながらアクサンをつけ忘れて*amenera*にした答案のほか、*se portera*、*progressera*と書いた受験者もいました。第1群規則動詞でもmener、amenerなど-e＋子音＋erのタイプは、弱いeが2つつづくと発音しづらいという理由からアクサンを必要とすることがありますから、身についていない場合には動詞活用表、参考書などで確認しましょう。

この機会に『ラルースやさしい仏仏辞典 Niveau 1』の amener の項をひき、ここで使われている表現の例文（« C'est son père qui l'a amené à prendre cette décision : tout seul, il n'aurait pas pu. » など）だけでなく、その他の用法もしっかり身についているか確認するとよいでしょう。

(3) **A** の文は「私の娘たちはいつも私の身なりをまねていました」という意味です。**B** の文は「私の娘たちはいつも私のように〜していました」となりそうですから、空欄には「服を着る」を意味する動詞 s'habiller を直説法半過去3人称複数にして s'habillaient と記入すれば正解です。得点率は36%でした。誤答としては現在形 s'*habillent* を書いた受験者や、*se porter*、*amener* などを選んで活用させた受験者がいました。

『ラルースやさしい仏仏辞典 Niveau 1』の tenue の項をひき、例文（« Non, mais quelle tenue ! Tu as vu comment tu es habillé ? » など）と解説をよく読んでおきましょう。

(4) **A** の文は「パーティーは2週間後に延期された」と訳せるでしょう。**B** の文は「パーティーの日は2週間〜」という意味でしょうから、空欄には「延期する」を意味する reculer を受動態の直説法複合過去3人称単数に活用させて a été reculée と記入すればよいとわかるでしょう（fut reculée も可）。主語に合わせて過去分詞を女性形にすることを忘れないようにしましょう。得点率は9%でした。誤答としては、正しい動詞を選びながら受動態にしなかったり、受動態にしながら現在形にしたりした受験者がいた以外に、*progresser*、*se porter*、*soutenir* などを選んだ答案がありました。

『ラルースやさしい仏仏辞典 Niveau 1』の reculer の項を日ごろから読み、例文と説明を通して用法を確認し、同義表現を身につけていれば容易に解答できる問題でしょう。

(5) **A** の文は「君は君の提案を擁護すべきだ」という意味です。**B** の文は「君は君の提案を〜する必要がある」と訳せそうですから、空欄には「弁護する」を意味する soutenir を使えばよいとわかるでしょう。接続法現在2人称単数 soutiennes にして記入すれば正解です。得点率は18%でした。誤答としては、正しい動詞を選びながら直説法現在 *soutiens* を書いた答案以外に、*progresser*、*reculer*、*se porter* などを選んだ受験者がいました。

『ラルースやさしい仏仏辞典 Niveau 1』の soutenir の項だけでなく、défendre の項も読み、多様な用法を例文（« Même si tu étais le seul à penser comme ça, tu aurais dû essayer de défendre ton point de vue ! » など）をよく読んで再確認し、自分でもそれらの文が書けるかどうかためしてみることをおすすめします。

解答　(1) enverrait　(2) amènera　(3) s'habillaient
(4) a été reculée　(5) soutiennes

4　**解説**　長文に5つの空欄が設けられており、それぞれ3つの選択肢のなかから文章の流れに合うものを選ぶ問題です。それぞれの選択肢はどれを入れても文法的に正しいようにできていますので、空欄の前だけを見て選ぼうとしてもうまくいきません。空欄をうめてから空欄のうしろも読み、さらに文章全体の論理展開に合うかどうか検討してください。

この問題全体の得点率は72％で、例年並みの数字でした。それでは各設問を見ていきましょう。

(1)　第1段落ではまず最初の3文で、献血の有用性は知られているがドナーミルク（母乳寄付）はそれほど有名ではないこと、Besançon の小児病院で企画されたドナーミルク運動に今年の夏 Sarah が参加したこと、超早産の赤ん坊にこのミルクは提供されたといったことが語られています。それにつづく第4文に空欄1があり、「体重をふやし体力をつけるために（　1　）」という意味になりそうです。選択肢は①「彼女は彼らにそれをあたえた」、②「それは必要ではなかった」、③「彼らはそれを必要としていた」という意味です。空欄のあとの prendre du poids et des forces の主語は前の文に出てきた、予定より早く生まれた赤ん坊ですから、彼らがミルクを必要としていたと理解でき、正解は③であるとわかります。得点率は71％でした。

(2)　つづく第2段落は Sarah のセリフで始まります。ドナーミルクという制度があることは知らなかったが出産前に看護師のひとりから聞いたという話につづいて、第2の空欄をふくむ文があり、「本当に（　2　）苦しんでいる親たち何人にも私は会いました」と語っています。選択肢は①「体重の減少で」、②「ミルクがなくて」、③「赤ん坊がいなくて」という意味です。第1段落からドナーミルクの話題がつづいていますから、文脈にもっとも合うのは②であるとわかるはずです。得点率は91%でした。

この機会に『ラルースやさしい仏仏辞典 Niveau 1』の souffrir の項を参照するとよいでしょう。例文（« Ce n'est pas qu'il soit malheureux, là-bas, mais il souffre d'être loin de sa famille. » など）を熟読するだけでなく、解説であげられている同義表現にも注目すると多様な用法が身につくことでしょう。

(3) つづく文に第3の空欄があり、「生きて成長するために（　3　）お父さんやお母さんたちの立場に私は立ってみました」といった内容です。文脈を考慮して理解すれば、選択肢は①「彼らに看護師たちがミルクをあたえている」、②「その赤ん坊が奮闘している」、③「彼らの赤ん坊にミルクをあたえている」という意味だと考えられます。ドナーミルクの話題ですし、つづく文で「出産してから、私は彼らを支援しますと申し出ました」と Sarah が話していることからも、文脈に合うのが②であると判断するのはさほどむずかしくはないでしょう。得点率は33%でした。半数以上が③を選んでいましたが、前後をよく読む必要があります。

空欄の前で使われている place の項を『ラルースやさしい仏仏辞典 Niveau 1』で参照し、この名詞がどういう例文（« Tu peux appeler quand tu veux : je serai sur place toute la journée. » など）によって説明され、同義表現として何があげられているか、確認するとよいでしょう。選択肢で使われている関係代名詞 dont が苦手な受験者は少なくありませんが、同じ辞書の dont の項目を熟読することをおすすめします。

(4) 「病院が搾乳器具を貸してくれました」と語る Sarah のセリフにつづく文に第4の空欄があります。「この寄付（ドナーミルク）の企画に参加する（　4　）のは夫のおかげでもあると Sarah は言い切っている」といった内容です。最後まで読むと彼女の夫が手伝ったと想像できますから、選択肢①「(参加) しなくてはならなかった」、②「(参加する) ことができた」、③「(参加) したくなかった」のなかで②を選ぶことはむずかしくはないはずです。得点率は88%でした。

(**5**) 最後の文に第5の空欄があります。「実際、病院の忠告を守りながら器具の準備は毎日彼が（　4　）」といった内容です。選択肢として、①「占拠した」も②「そのために忙しくはなかった」もふさわしくなく、③「引き受けていた」が適切だと容易に判断できるはずです。得点率は80%でした。

選択肢で多様な用法が問われている occuper の項を『ラルースやさしい仏仏辞典 Niveau 1』で参照し、この動詞がどういう例文（« Un instant, je m'occupe de vous. » など）によって説明され、同義表現として何があげられているか、よく読んでみましょう。

解答　(1) ③　(2) ②　(3) ②　(4) ②　(5) ③

5　**解説**　対話形式の長文に5つの空欄が設けられており、それぞれに適合する文を7つの選択肢から選ぶ問題です。近年の傾向としてはジャーナリストによるインタビュー形式の出題が多く、今回もそのような問題でした。

問題全体の得点率は81%で、例年並みの結果でした。それでは各設問をくわしく見ていきましょう。

(**1**) 「あなたはオリエンタルレストラン Casablanca の店主ですね」というジャーナリストの発言のあとに空欄があり、それに対して Mehdi は「そうです。来年、開業50周年を祝うのです」と答えています。Oui. か Non. を要求する質問がされたのだろうと推測できます。その形式の問いを選択肢のなかでさがすと、③ Est-ce que la maison a une longue histoire ?「お店には長い歴史があるのですか」がふさわしい問いであると判断するのはさほどむずかしくないでしょう。得点率は94%でした。

(**2**) 来年が開業50周年という Mehdi の最初の発言につづいてジャーナリストの質問の部分に第2の空欄があり、それに「私の叔父の Karim です。当時、店内はいつも満席だったそうです」といった趣旨の返答を Mehdi がしていますから、レストラン開業当初の話をしているのだろうと推測できます。選択肢のなかからそれに合うものをさがすと、⑥ Qui dirigeait le restaurant au début ?「最初はだれがレストランを経営していたのですか」がみつかるでしょう。得点率は90%でした。

この選択肢で使われている diriger はすでによく知っている単語でしょうが、『ラルースやさしい仏仏辞典 Niveau 1』の diriger の項を参照し、その例文（« Dans la forêt, on peut se diriger en regardant la position du soleil. » など）をきちんと理解できるか、自分でも同じ文を作れるかためしてみるとよいでしょう。よく知っていると思っている単語でも身についていない用法があることがわかるかもしれません。

(3) 叔父がレストランを開業した初期に繁盛していたという Mehdi の発言につづいてジャーナリストが質問している部分に第3の空欄があり、それに「とんでもありません。初期からずっと通ってくれるお客さんがいます。でも新しい客も欲しいところです」という内容の返答を Mehdi がしています。これも Oui. か Non. を要求する質問がなされたのだろうと推測できますから、選択肢のなかで最適なのは② Aujourd'hui, y a-t-il moins de clients qu'avant ?「現在は以前より客は少ないのですか」が最適だとわかるでしょう。得点率は97%でした。

Mehdi の発言のなかにある形容詞 fidèle を『ラルースやさしい仏仏辞典 Niveau 1』でさがしてみましょう。簡単だと思っている単語でも意外な用法があることがわかるでしょう。

(4) Mehdi は「とくに若い層に関心をもってもらいたいです。多様で、わりと安価なコース料理がありますよ」といった趣旨の返答をしています。新たな客層の開拓を尋ねたのだろうと推測しながら選択肢の文を読むと、① À quel type de public pensez-vous ?「どういう種類の客を考えていますか」がふさわしいとわかるでしょう。⑤を選んだ受験者が3割おり、得点率は63%でした。

選択肢に使われている public が『ラルースやさしい仏仏辞典 Niveau 1』の項でどう説明されているか、その例文（« Les journalistes sont chargés d'informer le public, pas de prendre parti. » など）をきちんと理解できるか、自分でも同じ文を作ることができるか確認するとよいでしょう。

(5) Mehdi の最後の発言は「その家庭的な雰囲気だと思います。ですから、おおぜいで来てください」といった趣旨です。返答のなかにある所有形容詞 son がレストランを指すのだろうと想像しながら、ジャーナリストの質問として適切なものを選択肢のなかでさがすと、⑤ Qu'est-ce qui fait le charme de votre restaurant ?「あなたのレストランの魅力は何ですか」だろうと容易に推測できるでしょう。①を選んだ受験者が3割近くいて、得点率は63%でした。解答してから全体を読み、インタビューがスムーズに進んでいるかを確認するとよいでしょう。

解答　(1) ③　(2) ⑥　(3) ②　(4) ①　(5) ⑤

6　**解説**　長文の内容一致の問題です。あたえられた7つの文が本文の内容に一致しているか否かを判断します。

問題全体の得点率は81%で、例年並みの数字でした。正誤が問われている問題の文を順に確認しながら、本文の内容と一致しているか見ていきましょう。

(1) Stéphanie Claudon était seule lorsqu'elle a eu un accident de chasse.「Stéphanie Claudon はひとりでいるときに狩猟事故にあった」という文です。本文第1段落最初の2文で、2月19日土曜日に25歳のStéphanie Claudon が Auvergne で狩猟事故にあい亡くなった、友人と山のなかを歩いているときに撃たれたのだ、と述べられています。本文で avec son copain「友人（彼氏）と」と言っているところが短文で seule「ひとりで」となっているわけですから、この文は本文の内容に一致していません。容易に答えられるでしょう。得点率は96%でした。

本文第2文 Elle marchait... lorsqu'elle a reçu un coup de feu. と選択肢の文 Stéphanie Claudon était seule lorsqu'elle a eu un accident de chasse. のいずれも主節に直説法半過去が使われ、lorsque でみちびかれる従属節に複合過去が使われている点に注目するとよいでしょう。この場合、文の主要な内容は、突発的な出来事を表わす従属節に移っていると説明されます（朝倉季雄著『新フランス文法事典』、白水社、2002年、439ページ）。したがって「〜のとき」はむしろ主節の部分の訳に対応するわけです。短い文でも具体的に状況を思い描くようにしてみましょう。

(2) Stéphanie Claudon était connue pour sa grande gentillesse.「Stéphanie Claudon はとてもやさしい人として有名だった」という文です。本文第1段

落第 3 文でイノシシ狩りをしていた 17 歳の高校生が犯人だと説明されたあと、第 4 文で、近所の人によればとてもやさしい女性であった被害者の死は、狩猟をめぐる議論をまた引き起こすだろうと述べられています。本文の une femme extrêmement gentille が短文では pour sa grande gentillesse になっていることなどの軽微な変更にまどわされなければ短文が本文の内容と一致しているとすぐに判断できるでしょう。得点率は 79%でした。

(**3**) Le cas de Stéphanie Claudon est le seul accident de chasse qui ait eu lieu en Auvergne depuis un an.「Stéphanie Claudon のケースは Auvergne でこの 1 年に起こった唯一の狩猟事故である」という文です。本文第 1 段落第 5 文で、同じ地域で最近起こったいくつもの事故をこの事故は思い出させると述べられていますから、今回のケースが唯一ではないことはわかるでしょう。得点率は 93%でした。

(**4**) La personne qui a tiré sur Léo Caen a cru qu'il était un sanglier.「Léo Caen を撃った人は彼がイノシシだと思った」という文です。本文第 1 段落第 6 文と第 7 文で、23 歳の Léo Caen が 15 歳の若者に撃たれてからまだ 1 年たっていない、彼はイノシシとまちがえられたのだと述べられています。したがって短文は本文の内容に一致しています。得点率は 72%でした。

本文第 7 文で使われている prendre qqn pour + n. ou pron. は身についているでしょうか。この機会に『ラルースやさしい仏仏辞典 Niveau 1』で prendre の項をひいてみるとよいでしょう。この表現の例文（« Tu me prends pour une idiote ou quoi ? » など）だけでなく、多様な用法を例文（« Pourquoi ris-tu, qu'est-ce qui te prend ? » など）で確認し、説明も熟読すると、語彙を確実にふやすことができるでしょう。

(**5**) En France, tout le monde peut avoir le permis de chasse dès 16 ans.「フランスでは 16 歳になればだれでも狩猟免許をもつことができる」という文です。本文第 2 段落最初の 2 文で、フランスでは単独で狩猟をしたい人は免許が必要であり、それは 16 歳以上が取得できると述べられています。短文は本文と同じ内容をことなる表現で言っているわけですから、正解は①です。得点率は 83%でした。

(6) En France, un enfant de dix ans peut utiliser une arme de chasse.「フランスでは10歳の子どもが猟銃を使うことはできる」という文です。本文第2段落第3文で、最低でも15歳の子どもは、免許取得後5年たった人といっしょであればその人の銃を使って狩猟することができると説明されています。したがって、短文は本文の内容に一致しません。得点率は79%でした。

(7) En France, le nombre des chasseurs est moins important que celui des gens qui vont dans les bois pour d'autres activités.「フランスでは、狩猟する人の数は、その他のことをする目的で森に入る人たちの数ほど多くはない」という文です。本文第2段落第4文と第5文で、フランスで狩猟免許所有者は100万人で人口の2%でしかなく、その他の目的（ウォーキングやサイクリング、キノコ狩り、写真撮影など）で森に入る人たちのほうがはるかに多いと述べられています。したがってこの文は本文の内容に一致しています。得点率は63%でした。

選択肢で使われている形容詞importantは身についているでしょうか。「重要な」という質的な意味だけではなく「大きな」、「多数の」、「大量の」といった量的な意味もあることは忘れがちです。『ラルースやさしい仏仏辞典 Niveau 1』でimportantの項をひき、例文と説明を熟読してみましょう。

解答　(1) ②　(2) ①　(3) ②　(4) ①　(5) ①　(6) ②　(7) ①

7

解説 対話文に設けられた5つの空欄に、それぞれ4つの選択肢から適切なものを1つ選んで入れる問題です。筆記試験5も対話文の空欄補充問題ですが、質問文を尋ねるものでした。7では、やりとりのなかの文や文の一部が問われます。対話文が自然な流れになるように気をつけながら解答していく必要があり、受験者には意外に難問になるところもあるようです。日ごろからフランス語で会話をする練習をしたり、さまざまな媒体で実際の会話のようすに接したりする工夫をするとよいでしょう。

今回、この問題全体の得点率は79%で、例年より高い数字でした。それでは対話文の流れを追いながら、各設問のポイントを見ていきましょう。

(1) Moniqueが「この博物館の会員証をもっているから私は割引なのよ」と言うと、Yvesが「会員証はもっていないけど、割引クーポンならあるよ」

と言います。それに答えたMoniqueの「あらそう」と言ったあとの文に第1の空欄があり、「どこであなたは（ 2 ）の？」といった内容の質問をしています。Yvesが「インターネットでだよ。だれでもダウンロードできるんだ」と答えていることに注目しながら選択肢を見れば、① en prenais avant「以前とっていた」、② l'as trouvé「それをみつけた」、③ le vendras「それを売る」、④ vas le jeter「それを捨てる」のなかでふさわしいのは②であるとわかるでしょう。得点率は93%でした。

Yvesの第2のセリフにあるn'importe quiは身についているでしょうか。『ラルースやさしい仏仏辞典 Niveau 1』のn'importeの項をひき、例文（« Allons n'importe où, pourvu qu'on soit tranquille. »など）と解説をよく読み、自分でも同じ文が作れるかためしてみるとよいでしょう。

(2) 「だれでもダウンロードできるんだ」というYvesのセリフのあとのMoniqueの発言の最初に第2の空欄があり、それにつづいて「それじゃ私の会員証は何の役に立つの？」と言っています。空欄をうめるのにふさわしい表現をさがすと、選択肢① Ça m'est égal「そんなことはどうでもいいの」、② Ça tombe mal「タイミングが悪いわね」、③ Je ne savais pas「知らなかったわ」、④ Tant pis「仕方がないわね」のなかで文脈に合うのは③であることは容易にわかるでしょう。得点率は85%でした。

選択肢②で使われている動詞tomberはよく知っている単語でしょうが、この機会に『ラルースやさしい仏仏辞典 Niveau 1』の項をひき、例文（« Cette photo m'est tombée par hasard sous les yeux. »など）と解説を熟読し、さまざまな用法が身についているか確認するとよいでしょう。

(3) Yvesが「それ（会員証）にお金を払ったの？」と言ったのに対するMoniqueの返答の最初に第3の空欄があり、そのあとに「でも、そんなクーポンがあるって知っていたら会員証を買うなんてことはしなかったわ」と話しています。空欄をうめるにふさわしいものを選択肢① Évidemment「もちろん」、② Généralement「たいてい」、③ Habituellement「ふだん」、④ Ordinairement「ふつう」のなかからさがすと、①が適切であるとわかるでしょう。得点率は71%でした。会話の流れを追って状況を思い描くと答えるのは容易でしょう。

(4) 会員証を購入したことを後悔するMoniqueに対するYvesの返答に第4の空欄があります。「(もし買わなかったとしたら) まちがったことをすることになったよ。会員証とクーポンを合わせれば入場料は（　4　）から」といった内容です。選択肢① deux fois plus cher「倍になる」、② en augmentation「値上がりしている」、③ encore à définir「まだ決まらない」、④ encore moins cher「もっと安くなる」のなかから前後の文脈にふわさしいものをさがすと、④であると判断できます。得点率は80%でした。

選択肢①で使われているfoisは身についているでしょうか。『ラルースやさしい仏仏辞典 Niveau 1』のfoisの項をひき、例文（« Des fois, il arrive en avance, mais c'est rare. » など）と解説をよく読み、多様な用法が理解できているか確認することをおすすめします。同じ発音の男性名詞foieの項も参照しておくとよいでしょう。

(5) 「それなら私もクーポンをダウンロードするわ」と言うMoniqueに対するYvesの返答の最初に第5の空欄があり、それにつづいて「このクーポンは2名利用可能なんだ。ぼくので十分だよ」と話しています。空欄をうめるにふさわしいものを選択肢① Ce n'est pas la peine「その必要はないよ」、② Ce n'est pas possible「それはできないよ」、③ C'est raisonnable「もっともだね」、④ C'est une bonne idée「名案だね」のなかからさがせば、最適なのは①です。得点率は66%でした。④を選んだ受験者が2割近くいましたが、クーポンをダウンロードすることにYvesが賛成しているわけではありませんので、この場合には適切ではありません。

すべての空欄をうめたあとに対話全体を読みなおすと、2人がどういう調子で話をしているのか、状況がイメージとともに確認できるでしょう。

解答　(1) ②　(2) ③　(3) ①　(4) ④　(5) ①

書き取り・聞き取り試験

解説・解答

書き取り試験

解説 書き取り試験では、音を正確に聞き取って適切な単語や表現に結びつけ、その音を正確につづり、さらに文法的に正確な文として組み立てる必要があります。とくに、語末の子音、複数の s や x など、発音されない箇所を書き足すことに気をつけなくてはいけません。また、性数一致、動詞の活用などの注意点もあります。これらの点は日ごろから気をつけていないと、受験の際についまちがえてしまうものです。

試験では、問題文は全部で4回読まれます。ふつうの速さで読まれる1回目と2回目は、キーワードをメモする程度におさえ、文章全体の流れを理解するようにしましょう。この段階で最初から書き取ろうとすると、書いている間に問題文を聞き逃がしてしまいます。3回目に句読点をふくめてゆっくり読まれますので、このときに1語1語しっかり書き取ってください。最後にもう1回読まれるときは、自分が書いた文章にまちがいがないか、こまかい点にも注意してチェックしましょう。意味がきちんとつながるか、単数形と複数形が適切であるか、動詞の時制、人称などに合った活用ができているか、などさまざまな点を見なおすとよいでしょう。

今回は、犬の散歩をしていて猫も飼うことになった人の話です。得点率は41%で例年よりやや低い数字でした。落ちついて書き取ることを心がけてください。第1文から順に見ていきましょう。

第1文は長いですが、意味は平易ですからあわてずに書き取りましょう。まず冒頭の quelques mois はきちんと書けたでしょうか。基本的な表現ですが、quelques に複数形の s を忘れた答案が散見しました。意味をよく考えてつづりをまちがえないように気をつけましょう。

同じ第1文の動詞 est allée については、直説法複合過去3人称単数であることは問題なくわかっても、過去分詞が主語の女性 Manon に合わせて女性形になることに注意が向かない受験者がいました。過去分詞の性数一致はフランス語を母語にしている人でもまちがえる文法項目ですから、日ごろから注意しておく必要があります。

同じ第1文にある dans un parc は基本的な語彙ですから、それほどむずかしくはないはずですが、parc のつづりをまちがえて *park* と書いたり、女性名詞だと思って *une* parc と書いたりした誤答が散見しました。

第1文で次にある前置詞句 près de もよく知っているはずですが、とっさにアクサンの向きをまちがえたり、アクサンを書かなかったりした受験者がいました。accent grave が使われるのはどういう場合か、はっきり認識していない場合には参考書などで確認するとよいでしょう。

第2文では最初の Arrivée は正しく書けたでしょうか。あとに登場する主語が女性単数ですから、それに合わせて女性形にしないといけませんが、まちがえて *Arrivé* としたり、不定法 *Arriver* を書いたりした答案が少なくありませんでした。

この第2文の後半にある tout d'un coup はきちんと書けたでしょうか。同じような意味で使われる tout *à* coup を書いた答案もありましたが、それではまちがいです。

そのあとの直説法複合過去の活用 a commencé は問題なく書けたでしょうか。うっかりつづりをまちがえて a *commancé* などと書かないよう気をつけましょう。

それにつづく部分が前置詞 à と不定詞 courir の組み合わせであることはすぐにわかったでしょうか。一語で *accourir* と書いてはいけないことは、commencer à + inf. という構文だからであると即座に判断できれば迷うことはないでしょう。

同じ第2文の最後の動詞 a disparu では、助動詞 a を忘れずに書くことはできましたか。短い単語は聞き取るのに苦労する受験者が少なくありません。細部までよく注意する習慣を身につけておく必要があります。

第3文は冒頭の Après ではアクサンの向きをまちがえたり、大文字で始めなかったりした答案が散見しました。基本的な注意事項をおろそかにしないようにしてください。

同じ第3文にある複合形の不定詞 l'avoir cherché では、直接目的の人称代名詞が動詞の前に置かれていますが、男性名詞をうけているわけですから過去分詞は女性形にはなりません。*cherchée* とした誤答以外に、不定詞 *chercher* を書いた答案も見られました。文の構造をよく理解して書き取るようにしましょう。

同じ第 3 文にある副詞句 en vain はあまりなじみがなかったのでしょうか。「〜してもむだだった」という意味でよく使われますが、とっさにこの表現を思い出さなかった受験者も少なくなく、en *vin*、en *bain*、en *vingt*、en *vent*、*on va* といった誤答が見られました。

この機会に『ラルースやさしい仏仏辞典 Niveau 1』の vain の項を参照し、例文（« Je l’ai attendu en vain : il n’est pas venu ! » など）だけでなく説明も読み、同義表現にも注目するとよいでしょう。

第 3 文の主節にある動詞 s’est assise の部分は、代名動詞の複合過去の活用が問題になるところです。助動詞が être である点、この動詞 s’asseoir の場合過去分詞は主語と性数一致する点はきちんと把握しているでしょうか。s’est *assis*、*c’*est *assiese*、s’est *assisée* などと書いた答案が見られました。動詞の活用に自信がない場合には活用表で確認し、何度も手で書いてみるとよいでしょう。

第 3 文の最後にある sur un banc も基本的な語彙ですが、sur un *bain*、sur un *bon* などと書いた受験者がいました。ここで使われている banc だけでなく、名詞 bain と bon がそれぞれどういう意味か、仏和辞典で確認するとよいでしょう。

第 4 文は短いのでむずかしくはないはずですが、désespérée でつまづいた受験者が少なくありませんでした。女性形にするのを忘れた答案のほか、アクサンのつけ方をまちがえて *désesperée*、*desespérée*、*déséspérée* などと書いた答案が多数ありました。

第 5 文では動詞 est revenu は問題なく書けたでしょうか。revenir の活用は初級文法で習いますが、接頭辞 re- を聞き取れずに est *venu* と書いた受験者がいました。ほかには助動詞を書かなかった答案もありました。文意を考慮に入れれば助動詞が必要であると判断できるでしょう。

最後の第 6 文においては、主語 les deux animaux は正確に書けたでしょうか。deux は算用数字でもかまいませんが、定冠詞を忘れた答案があったほか、名詞 animal の複数形を *animals* とした答案もありました。

同じ第 6 文の動詞 vivent が vivre の直説法現在 3 人称複数であることはわかっているでしょうか。動詞の活用に自信がない場合には活用表を見ながら何度も手で書いて練習しましょう。

解答 （読まれる文） Il y a quelques mois, Manon est allée dans un parc près de chez elle avec son chien. Arrivée au parc, elle a promené son chien, quand tout d'un coup, l'animal a commencé à courir et a disparu. Après l'avoir cherché partout en vain, elle s'est assise sur un banc. Elle était désespérée. C'est alors que son chien est revenu avec un petit chat. Depuis, les deux animaux vivent ensemble chez Manon.

聞き取り試験

1

（読まれるテキスト）

Anne : Tu es satisfait de ton nouvel appartement ?

Xavier : Assez. Il y a une grande fenêtre qui donne sur un champ de blé. Seulement, j'ai une voisine qui me dérange.

Anne : Pourquoi ? Elle fait du bruit ?

Xavier : Oui. Elle commence à remuer au moment où je me mets au lit, à dix heures du soir. Et elle n'arrête plus jusqu'au matin.

Anne : Ah bon. Qu'est-ce qu'elle fait ?

Xavier : Elle passe l'aspirateur et elle fait la lessive toutes les nuits.

Anne : Tu lui as dit quelque chose ?

Xavier : Non. Je crois que ça ne servirait à rien. Je vais déménager.

Anne : Encore ! Tu as déjà changé d'appartement combien de fois ?

Xavier : À peu près 30 fois.

（読まれる質問）

un : Pour quelle raison Xavier est-il satisfait de son nouvel appartement ?
deux : La voisine de Xavier se couche-t-elle tôt le soir ?
trois : Que fait la voisine de Xavier toutes les nuits ?
quatre : Pourquoi Xavier n'a-t-il rien dit à sa voisine ?
cinq : Combien de fois Xavier a-t-il changé d'appartement ?

解説　対話を聞いたあと、それについての 5 つの質問を聞き、それに対する答えを完成させる問題です。あらかじめ問題冊子に印刷されている答えの文を読んでおくと、聞き取るべきポイントをある程度予測することができるでしょう。

対話は全部で 3 回読まれます。1 回目に読まれるときは全体の流れを把握するようにしましょう。次に質問が読まれますから、質問の内容を理解し、2 回目に対話を聞くときにポイントをおさえるとよいでしょう。2 回目に質問が読まれるときには、それぞれの質問文の間にポーズがおかれますから、その間に空欄をうめてください。対話で使われている単語をそのまま書けばよい場合が多いですが、ときには変化させないといけない場合もあります。3 回目に対話が読まれる際には、自分が記入した答えが対話の内容に即しているか、質問の形式に合っているか、空欄をうめてできあがった答えの文が正確であるかなどをチェックしましょう。

今回は、最近引越しをした Xavier と Anne との対話です。問題全体の得点率は 35％で例年より低い数字になりました。各設問ごとに見ていきましょう。

(1)「新しいアパルトマンには満足しているの？」という Anne の質問に Xavier は「まあね。大きな窓があって、小麦畑に面しているんだ」と答え始めています。第 1 の質問「Xavier は新しいアパルトマンにどういう理由で満足していますか」はこの部分に対応しています。問題冊子に「(　　) の畑に面した大きな（　　）があるから」という意味の文が印刷されていますから、第1と第2の空欄には Xavier が使っている単語を使い、fenêtre と blé を（blé のかわりに céréales でも可）それぞれ入れれば正解です。得点率は前者が54%、後者が14%でした。どちらも基本的な語彙ですからさほど問題はないはずです。前者の誤答としてはつづりのミス（*fênetre*、*fenétre*、*fenaître* など）をした答案がありました。後者の誤答としては *bruit*、*bleu* などがありました。短い単語なので聞き取れず空欄にした受験者もいました。

『ラルースやさしい仏仏辞典 Niveau 1』の blé の項を参照し、例文を読むだけでなく、ふつうこの単語が不可算名詞であり、単数で使われるという説明を確認しておくとよいでしょう。

(2) 第2の質問「Xavier の隣人は夜、早く寝ますか」は Xavier の最初のセリフの後半に「ただ、ひとり迷惑な隣人がいるんだ」とあり、Anne が「どうして？　騒音を出すの？」と尋ねると Xavier が「そうなんだ。ぼくが夜10時にベッドに入ると彼女は動き出して、朝までやまないんだ」と答えている部分に対応しています。「いいえ、Xavier が（　　）につくときに彼女は（　　）始める」という内容の文が問題冊子に印刷されていますから、それぞれの空欄には対話で使われている「動く」を意味する動詞 remuer（bouger でも可）と「ベッド」を意味する名詞 lit（dodo でも可）をそのまま使って記入すれば正解です。得点率はそれぞれ11%と59%でした。対話で使われている単語をそのまま書けばよいのですが、最初の空欄に *renuer*、*bruit* など、第2の空欄に *matin*、*soir* などと書いたものが散見しました。

(3) Anne が「ああそう。その人は何をしているの？」と尋ねると、Xavier は「毎晩、掃除機をかけたり洗濯をしたりしているんだ」と答えています。第3の質問「Xavier の隣人は毎晩何をしていますか」はこの部分に対応しています。問題冊子には「彼女は（　　）かけ、（　　）をしている」という趣旨の文が印刷されていますから、最初の空欄には aspirateur を、第2の空欄には lessive を記入すれば正解です。得点率はそれぞれ27%と12%でした。誤答としては、最初の空欄では *aspirer*、*aspirature* などの答案が、第2の空欄には *laissive*、*réceive*、*nuit* などの答案が散見しました。基本的な語彙ですがふだんから手を使って書いていないとつづりを忘れがちです。

(4) Anne が「彼女に何か言ったの？」と尋ねると、Xavier は「言っていないよ。そんなことをしてもなんにもならないと思うんだ。もうじき引越すよ」と答えています。第4の質問「Xavierは、なぜ隣人になにも言っていないのですか」はこの部分に対応しています。問題冊子には「彼はそれがなんにも（　　）と考えたからである」という趣旨の文が印刷されていますから、インタビューで使われている動詞をそのまま使いservirait を記入すれば正解です（単純未来servira でも可）。得点率は11%でした。誤答としては*sert*、*fait* などが散見しました。基本的な動詞servir の条件法の活用がすぐにわからなかったのでしょうか。動詞の活用はきちんと身につける必要があります。

この機会に『ラルースやさしい仏仏辞典 Niveau 1』のservir の項を参照し、例文（« Je me suis servi un verre d'eau, j'avais soif. » など）だけでなく説明も読み、多様な用法が身についているか確認するとよいでしょう。

(5) 「もうじき引越すよ」とXavierが言ったのにAnneが「また！　いままで何回アパルトマンを変えたの？」と尋ねると、「30回くらいだよ」とXavierが答えています。第5の質問「Xavierは何回アパルトマンを変えましたか」はこの部分に対応しています。「約（　　）回」という文が問題冊子には印刷されていますから、空欄には30（trente も可）を記入すれば正解です。得点率は92%でした。

この機会に『ラルースやさしい仏仏辞典 Niveau 1』のenviron の項を参照して例文（« Il y a environ cinq cents kilomètres de Paris à Lyon. » など）と用法を確認するだけでなく、複数名詞environs の項も読むとよいでしょう。例文としては« Quelle heure est-il ? — Oh ! Il doit être aux environs de midi... » などがあります。

解答　(1) (fenêtre) (blé)　(2) (remuer) (lit)
(3) (aspirateur) (lessive)　(4) (servirait)
(5) (30 / trente)

2

(読まれるテキスト)

Depuis mon enfance, j'aime voyager. Les voyages en voiture sont ceux que je préfère. Et il y a quelque temps, j'ai obtenu le logement de mes rêves. Il s'agit d'une maison sur roues. En fait, j'ai acheté un ancien camion et je l'ai transformé en logement. J'ai toujours voulu vivre dans une maison avec des roues. Pourtant, ça n'a pas été facile. Pour acheter un camion, il faut beaucoup d'argent. Alors, j'ai travaillé dur pendant deux ans. Après avoir acheté mon camion, j'ai mis un an et demi pour le changer en logement. Si mes amis ne m'avaient pas soutenu et aidé, je n'aurais pas pu réaliser mon projet.

Ce camion me donne une grande liberté. J'en suis très content parce que grâce à lui, je peux voyager en restant chez moi. J'ai des amis qui me demandent si la vie dans un camion n'est pas désagréable. Je réponds toujours que non. Chez moi, il y a tout le confort nécessaire. Pour me laver, j'ai installé une douche. Il y a aussi une véritable cuisine. C'est vraiment sympa.

(読まれる内容について述べた文)

un : Marius n'aimait pas voyager quand il était enfant.

deux : Marius adore voyager en voiture.

trois : Pour Marius, ça n'a pas été facile de réaliser son projet.

quatre : Marius a travaillé dur pendant dix ans.

cinq : Il a fallu un an et demi à Marius pour transformer son camion en maison.

six : Marius a pu réaliser son rêve sans l'aide de ses amis.

sept : Marius est content de sa maison parce qu'elle lui donne une grande liberté.

huit : Marius a des amis qui doutent que la vie dans un camion soit agréable.

neuf : Il y a une douche dans la maison de Marius.

dix : Marius ne peut pas faire la cuisine chez lui.

解 説 ある程度の長さの文章を聞き、つづいて、その内容について述べた10の短文を聞き、それぞれについて正誤を判断する問題です。最初に問題文が2回読まれます。1回目は、どんな人が語っているのか、いつ、だれが、どこで、何をしたのかといったことに気をつけながら全体を理解していきましょう。2回目はポイントになりそうなところ、時間、数字などをメモしながら聞くとよいでしょう。つづいて10の短文が読まれます。それぞれについて記憶とメモを頼りに正誤を判断してください。10の短文がもう1回読まれるときに、聞きまちがいがないかをチェックし、あやふやなところはこのときに確認しましょう。最後に問題文がもう1回読まれます。10の短文に関連するところに注意しながらよく聞き、正誤を最終確認するとよいでしょう。

今回は、Mariusという男性がトラックを住居にしたという話です。問題全体の得点率は83%で、例年より高い結果でした。10の短文をそれぞれ見ていきましょう。

(1) 「Mariusは子どものころ旅行がきらいだった」という文です。本文第1文でMariusは「子ども時代から私は旅行が好きです」と語っていますから、この短文は本文の内容に一致していません。得点率は96%でした。

(2) 「Mariusは車で旅行するのが大好きである」という文です。本文第2文で「車での旅行が私が好きな旅行です」とMariusは語っています。したがって動詞が préférer から adorer になっているだけで、短文が本文の内容に一致していると容易に判断できるでしょう。得点率は 93%でした。

(3) 「Marius にとって計画を実現することは容易ではなかった」という文です。本文第 3 文から第 6 文で Marius は古いトラックを購入して住居に改造して夢を実現させたと語っていますが、第 7 文で「しかし、それは容易ではありませんでした」と述べていますから、短文が本文の内容に一致していることがわかるでしょう。得点率は 85%でした。

(4) 「Marius は 10 年間猛烈に働いた」という文です。本文第 8 文と第 9 文で「トラックを買うには大金が必要なので、2 年間私は猛烈に働きました」と Marius は語っていますから、短文は本文の内容に一致していません。数字を聞き取ることができればむずかしくはないでしょう。得点率は 91%でした。

本文と短文で dur が副詞として使われていることは理解できているでしょうか。『ラルースやさしい仏仏辞典 Niveau 1』の dur の項を参照し、この単語の形容詞としての用法と副詞としての用法がきちんと身についているか確認するとよいでしょう。さまざまな例文（« Paul est dur avec ses enfants, il ne les laisse jamais sortir le soir. » など）が載っています。

(5) 「Marius がトラックを家に改造するのに 1 年半かかった」という文です。本文第 10 文で「トラックを買ってから、それを家にするのに 1 年半かかりました」と Marius は話しています。したがって、短文は本文の内容に一致しています。得点率は 83%でした。

(6) 「Marius は友人たちに助けられずに夢を実現することができた」という文です。本文第 11 文で「もし友だちが私を助け、手伝ってくれなければ計画を実現することはできなかったでしょう」と Marius が語っていますから、本文で「si ＋大過去、（主節に）条件法過去」という過去の事実に反する仮定が言われていることを理解し、短文で使われている前置詞 sans を聞きおとさなければ、短文は本文の内容に一致していないことがわかるでしょう。得点率は 61%でした。

条件法の使い方はしっかり身についているでしょうか。自信がない場合には参考書などで確認し、基本的な用法を復習するとよいでしょう。

(7) 「Marius は自宅に満足している、そのおかげでおおいに自由を享受できるからである」という文です。本文第 12 文で「このトラックは私に大きな自由をあたえてくれます」と Marius は語り、第 13 文で「私はそれで大満足です。おかげで自宅にいながら旅行できるのですから」とつづけていますから、短文は本文の内容に一致しています。得点率は 84%でした。

(8) 「Marius には、トラック暮らしが快適であることを疑う友だちがいる」という文です。本文第 14 文で「友だちのなかには、トラック暮らしが快適でないのではないかと私に尋ねる人たちがいます」と Marius は述べています。表現はことなりますが、いずれもトラックに住むことが快適ではないだろうと思っている友人たちがいるという内容ですから、短文は本文の内容に一致しています。得点率は 54%でした。

『ラルースやさしい仏仏辞典 Niveau 1』の doute と douter (se) の項を参照し、それぞれどう使われるか、例文（« Tu ne te doutais pas que je viendrais, n'est-ce pas ? C'est une surprise ! » など）をよく読んで確認するとよいでしょう。派生語にも注目すると語彙をふやすことができます。

(9) 「Marius の家にはシャワーがある」という文です。本文第 16 文と第 17 文で「私の家には必要な設備はすべて整っています。体を洗うために私はシャワーを設置しました」と Marius は語っていますから、短文は本文の内容に一致しています。得点率は 88%でした。

(10) 「Marius は自宅で料理をすることができない」という文です。本文第 18 文で「ちゃんとした台所もあります」と Marius は語っていますから、もちろん料理をすることができるわけです。したがって短文は本文の内容に一致していません。得点率は 90%でした。

解答　(1) ②　(2) ①　(3) ①　(4) ②　(5) ①
(6) ②　(7) ①　(8) ①　(9) ①　(10) ②

1 次試験配点表

筆記試験	1	2	3	4	5	6	7	小計	書き取り	小計	聞き取り	1	2	小計	合計
	4点	10	10	10	10	14	10	68		14		8	10	18	100

2級
春
2級
秋
準2級
春
準2級
秋

2 次 試 験

解 説

面接試験は、フランス語を第一言語とする委員と日本語を第一言語とする委員が1組になっておこないます。試験時間は約5分です。明るくBonjour !とあいさつしながら入室しましょう。面接委員が受験者の名前を確認したあと、あらかじめ用意された質問のなかから受験者に適切と思われるものを選んで質問します。それを糸口にして会話が始まります。

2級の面接試験では、日常生活と関連のある話題について基本的なフランス語表現を使ってコミュニケーションをすることができるかどうかが問われます。したがって、リラックスして会話を楽しもうという姿勢が大切です。どんな質問をされても、母語で会話をするときと同じように自分の答えやすい形で答え、さらに、自分の話したいことを追加していけば、面接委員との間に自然な会話が進んでいきます。

質問がよく聞き取れなかったり、質問の意味がよくわからなかったりした場合は、あわてることなく、Je n'ai pas bien compris, vous pouvez répéter, s'il vous plaît ? などと言って、質問を繰り返してもらったり、わかりやすく言いかえてもらったりしましょう。とまどって黙ってしまってはいけません。

質問に答える際には、問われたことに単語1語だけで答えるのは避けたほうがよいでしょう。Oui か Non だけで答えたり、名詞1語で答えたりするより、できるだけ主語と述語をそろえた文にして答えましょう。複雑な構文やむずかしい単語を使う必要はありませんから、簡単な構文で自分の言いたいことを落ちついて話していけばよいでしょう。質問されたことから出発して適当なエピソードなども思いつけば、それを話してみることも悪くありません。質問に対する答え自体には正答も誤答もありません。あくまで会話を始めるきっかけにすぎないのです。面接委員は、その質問を出発点にして受験者がどれだけ充実した会話をつづける能力をもっているのかを見きわめようとしています。ゆっくりでいいですからていねいに文を組み立てながら、できるだけ積極的に自分のことを面接委員に伝えることが大切です。

試験時間が終了して退室するときは、Au revoir, bonne journée ! などとあいさつをして退出しましょう。

面接試験の対策としては、まずはできるだけフランス語を聞く機会をふやすことです。面接委員の質問が聞き取れなくては困りますから。教材の音源以外にも、インターネットや映画など、さまざまなメディアを活用し、日常的にフランス語の音声にふれて耳を慣らすように心がけましょう。ラジオなどでよくインタビューが流れていますから、そういった番組を聞いてみることもよいでしょう。年配の人が話すフランス語は比較的聞き取りやすいものです。

自分でフランス語を話す機会をなるべく作ることも大切です。フランス語母語話者と話す機会がなくても、同じようにフランス語を学ぶ日本語母語話者どうしでフランス語の会話をしてみるのもよいでしょう。あるいは、いままで出された2次試験の問題をもとに、自分でフランス語の答えを書いてみて、それを何度も発音するといった練習方法もあるでしょう。気に入ったフランス語の文章を暗唱してみるのもよいかもしれません。フランス語を発音することへの心理的抵抗をなくすのが重要です。

準２級

準 2 級の内容と程度

● 程 度

日常生活における平易なフランス語を、読み、書き、聞き、話すことができる。ヨーロッパ言語共通参照枠（CEFR）の A2 にほぼ対応しています。
標準学習時間：300 時間以上

● 試験内容

読　む	一般的な内容で、ある程度の長さの平易なフランス語の文章を理解できる。
書　く	日常生活における平易な文や語句を正しく書ける。
聞　く	日常的な平易な会話を理解できる。
話　す	簡単な応答ができる。
文法知識	基本的文法事項全般についての十分な知識。

語彙：約 2,300 語

● 試験形式

1 次試験（100 点）

筆　記	問題数 7 問、配点 70 点、試験時間 75 分。マークシート方式、一部記述式。
書き取り	問題数 1 問、配点 12 点。試験時間（下記聞き取りと合わせて）約 25 分。
聞き取り	問題数 2 問、配点 18 点。語記入、マークシート方式。

2 次試験（30 点）

個人面接試験	提示された文章を音読し、その文章とイラストについての簡単なフランス語の質問にフランス語で答える。 試験時間約 5 分。

準 2 級の傾向と対策

2006 年度に新設された準 2 級も 17 年を経ました。試験の程度は、「日常生活における平易なフランス語を、読み、書き、聞き、話すことができる」に設定されており、300 時間程度フランス語を学習した受験者を想定しています。3 級は、一通りフランス語の基本的事項を修得した受験者を対象にした試験ですが、準 2 級では、基本的事項を確実に身につけ、それを日常レベルで応用できるとともに、基本的知識からもう一歩進んだフランス語力を備えていることが求められます。

準 2 級は、2 級と 3 級の間にありますが、レベル的には 3 級のほうにやや近いと言えるでしょう。「一般的なフランス語を、読み、書き、聞き、話すことができる」ことを要求される 2 級は、実用フランス語としてはかなりのレベルです。準 2 級は、基本的なフランス語力を基盤として、日常レベルで、ある程度実用性のあるフランス語力を身につけつつある学習者のための試験です。大学などでフランス語関連分野を専攻している人にとっては 2 年次での目標となるでしょうし、大学で第 2 外国語として学習している人や仕事をしながら外国語学校で学んでいる人にとっては、日常生活で実際に役に立つレベルのフランス語を身につけたことを証明する試験となるでしょう。

出題の範囲ですが、文法的にはフランス語の基本文法全般を理解していることが求められます。語彙は、2,300 語に設定されています。具体的な学習の目安としては、日本で広く使用されている学習辞典（『クラウン仏和辞典』、『Le　Dico ディコ仏和辞典』、『プチ・ロワイヤル仏和辞典』、『プログレッシブ仏和辞典』、『ジュネス仏和辞典』など）でアステリスクが 2 つ以上ついている語とその派生語は出題範囲の語だと思ってください。

さて、以上をふまえて受験対策ですが、まず、文法知識としては、基本文法書あるいは参考書をマスターすることが基盤となります。準 2 級から本格化する長文問題については、適切な教材が充実しているとは言えないのが現状です。フランスの新聞や週刊誌、インターネットの記事などは、一般に語彙や表現の点で準 2 級のレベルを超えています。準 2 級で出題されるのは、これらの記事の難度を下げて平易にしたレベルの文章です。現時点では、この『仏検公式ガイドブック準 2 級』収録の長文問題に取り組み、その解説を読むことがよい練習になるでしょう。書き取り・聞き取り試験対策としては、なんといっても数多くフランス語の文章を聞くことです。インターネットでフランス語のラジオをリアルタイムで聞くことができますし、フランスの放送局TV5の放送が日本でも日常的に見られるようになっています。フランス語学校などに通学する機会のない勤労者や地方在住者にとって、メディアの利用は大変有効です。

準2級からは、記述式問題がふえます。選択式の問題とちがって記述式の問題では、当然ながら、正確に単語が書けなければ得点できません。日ごろから、アクサン記号の有無、アクサン記号の種類をふくめ、語を正確につづることを心がけましょう。準2級にかぎらず、仏検全般にわたって、記述式問題の得点率は、選択式問題の得点率を大きく下まわっています。3級とくらべて、記述式問題の比重が次第に増していく準2級以上の級では、記述式問題の得点が合否を左右すると言っても過言ではありません。

それでは、以下、過去に出題された問題によって、正解にいたる道を具体的に解説していきます。まず、試験本番のつもりで問題を解き、そのあと、解説にしたがって解答プロセスを確認してください。

解答用紙（雛型）（67%縮小）

2022年度　秋季　実用フランス語技能検定試験（準2級）筆記試験　解答用紙

会場名
氏名

会場コード					
⓪	⓪	⓪	⓪	⓪	⓪
①	①	①	①	①	①
②	②	②	②	②	②
③	③	③	③	③	③
④	④	④	④	④	④
⑤	⑤	⑤	⑤	⑤	⑤
⑥	⑥	⑥	⑥	⑥	⑥
⑦	⑦	⑦	⑦	⑦	⑦
⑧	⑧	⑧	⑧	⑧	⑧
⑨	⑨	⑨	⑨	⑨	⑨

受験番号							
⓪	⓪	⓪	⓪	⓪	⓪	⓪	⓪
①	①	①	①	①	①	①	①
②	②	②	②	②	②	②	②
③	③	③	③	③	③	③	③
④	④	④	④	④	④	④	④
⑤	⑤	⑤	⑤	⑤	⑤	⑤	⑤
⑥	⑥	⑥	⑥	⑥	⑥	⑥	⑥
⑦	⑦	⑦	⑦	⑦	⑦	⑦	⑦
⑧	⑧	⑧	⑧	⑧	⑧	⑧	⑧
⑨	⑨	⑨	⑨	⑨	⑨	⑨	⑨

記入およびマークについての注意事項

1. 解答にはかならずHBまたはBの黒鉛筆（シャープペンシルも可）を使用してください。ボールペンや万年筆等でマークした解答は機械による読み取りの対象とならないため、採点されません。
2. 記入は**太線の枠内**に、マークは◯の中を**正確に塗りつぶしてください**（下記マーク例参照）。
   採点欄は塗りつぶさないでください。
3. 訂正の場合は、プラスチック製消しゴムできれいに消してください。
4. **解答用紙を折り曲げたり、破ったり、汚したりしないでください。**

マーク例

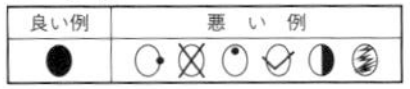

1

解答番号	解答欄
(1)	① ② ③ ④ ⑤ ⑥
(2)	① ② ③ ④ ⑤ ⑥
(3)	① ② ③ ④ ⑤ ⑥
(4)	① ② ③ ④ ⑤ ⑥

2

解答番号	解答欄	採点欄
(1)		② ⓪
(2)		② ⓪
(3)		② ⓪
(4)		② ⓪
(5)		② ⓪

3

解答番号	解答欄	採点欄
(1)		② ⓪
(2)		② ⓪
(3)		② ⓪
(4)		② ⓪
(5)		② ⓪

4

解答番号	解答欄
(1)	① ② ③ ④ ⑤ ⑥ ⑦
(2)	① ② ③ ④ ⑤ ⑥ ⑦
(3)	① ② ③ ④ ⑤ ⑥ ⑦
(4)	① ② ③ ④ ⑤ ⑥ ⑦
(5)	① ② ③ ④ ⑤ ⑥ ⑦

5

解答番号	解答欄
(1)	① ② ③
(2)	① ② ③
(3)	① ② ③
(4)	① ② ③
(5)	① ② ③

6

解答番号	解答欄
(1)	① ②
(2)	① ②
(3)	① ②
(4)	① ②
(5)	① ②
(6)	① ②

7

解答番号	解答欄
(1)	① ② ③
(2)	① ② ③
(3)	① ② ③
(4)	① ② ③
(5)	① ② ③

表面

2022年度　秋季　実用フランス語技能検定試験（準２級）書き取り／聞き取り　試験　解答用紙

会　　場　　名

氏　　名

会場コード					
⓪	⓪	⓪	⓪	⓪	⓪
①	①	①	①	①	①
②	②	②	②	②	②
③	③	③	③	③	③
④	④	④	④	④	④
⑤	⑤	⑤	⑤	⑤	⑤
⑥	⑥	⑥	⑥	⑥	⑥
⑦	⑦	⑦	⑦	⑦	⑦
⑧	⑧	⑧	⑧	⑧	⑧
⑨	⑨	⑨	⑨	⑨	⑨

受験番号							
⓪	⓪	⓪	⓪	⓪	⓪	⓪	⓪
①	①	①	①	①	①	①	①
②	②	②	②	②	②	②	②
③	③	③	③	③	③	③	③
④	④	④	④	④	④	④	④
⑤	⑤	⑤	⑤	⑤	⑤	⑤	⑤
⑥	⑥	⑥	⑥	⑥	⑥	⑥	⑥
⑦	⑦	⑦	⑦	⑦	⑦	⑦	⑦
⑧	⑧	⑧	⑧	⑧	⑧	⑧	⑧
⑨	⑨	⑨	⑨	⑨	⑨	⑨	⑨

記入およびマークについての注意事項

1. 解答にはかならずHBまたはBの黒鉛筆（シャープペンシルも可）を使用してください。ボールペンや万年筆等でマークした解答は機械による読み取りの対象とならないため、採点されません。
2. 記入は**太線の枠内**に、マークは◯の中を**正確に塗りつぶしてください**（下記マーク例参照）。
採点欄は塗りつぶさないでください。
3. 訂正の場合は、プラスチック製消しゴムできれいに消してください。
4. **解答用紙を折り曲げたり、破ったり、汚したりしないでください。**

マーク例

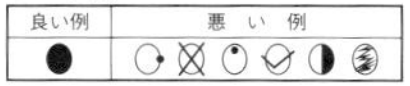

書き取り試験注意事項　（書き取り試験解答欄は裏面にあります。）

フランス語の文章を、次の要領で４回読みます。全文を書き取ってください。

・１回目、２回目は、ふつうの速さで全文を読みます。内容をよく理解するようにしてください。

・３回目は、ポーズをおきますから、その間に書き取ってください（句読点も読みます）。

・最後に、もう１回ふつうの速さで全文を読みます。

・読み終わってから２分後に、聞き取り試験にうつります。

・数を書く場合は、算用数字で書いてかまいません。（配点　12）

書き取り試験

採　点　欄
⓪ ① ② ③ ④ ⑤ ⑥ ⑦ ⑧ ⑨
⑩ ⑪ ⑫

聞き取り試験

1

解答番号	解　答　欄	採点欄
(1)		① ⓪
(2)		① ⓪
		① ⓪
(3)		① ⓪
		① ⓪
(4)		① ⓪
(5)		① ⓪
		① ⓪

2

解答番号	解　答　欄
(1)	① ②
(2)	① ②
(3)	① ②
(4)	① ②
(5)	① ②
(6)	① ②
(7)	① ②
(8)	① ②
(9)	① ②
(10)	① ②

裏面

準 2 級書き取り試験　解答欄

2022年度春季
実用フランス語技能検定試験
筆記試験問題冊子　〈準 2 級〉

問題冊子は試験開始の合図があるまで開いてはいけません。

筆記試験	10 時 00 分 ～ 11 時 15 分 (休憩 20 分)
書き取り 聞き取り 試験	11 時 35 分から約 25 分間

◇**筆記試験と書き取り・聞き取り試験の双方を受験しないと欠席になります。**

◇問題冊子は表紙を含め 12 ページ、全部で 7 問題です。

注　意　事　項

1　途中退出はいっさい認めません。

2　筆記用具は **HB または B の黒鉛筆** (シャープペンシルも可) を用いてください。ボールペンや万年筆等でマークした解答は機械による読み取りの対象とならないため、採点されません。

3　解答用紙の所定欄に、**受験番号**と**カナ氏名**が印刷されていますから、まちがいがないか、**確認**してください。

4　**マーク式の解答は、解答用紙の解答欄にマークしてください**。たとえば、1 の (1) に対して ③ と解答する場合は、次の例のように解答欄の ③ にマークしてください。

例 **1**

解答番号	解　答　欄
(1)	①　②　●　④　⑤　⑥

5　記述式の解答の場合、正しく判読できない文字で書かれたものは採点の対象となりません。

6　解答に関係のないことを書いた答案は無効にすることがあります。

7　解答用紙を折り曲げたり、破ったり、汚したりしないように注意してください。

8　問題内容に関する質問はいっさい受けつけません。

9　不正行為者はただちに退場、それ以降および来季以後の受験資格を失うことになります。

10　**携帯電話等の電子機器の電源はかならず切って、かばん等にしまってください**。通信機能のある時計は使用を禁じます。

11　**時計のアラームは使用しないでください**。

12　この試験問題の複製 (コピー) を禁じます。また、この試験問題の一部または全部を当協会の許可なく他に伝えたり、漏えいしたりすることを禁じます (インターネットや携帯サイト等に掲載することも含みます)。

1

次の (1) ～ (4) の (　　) 内に入れるのにもっとも適切なものを、下の ① ～ ⑥ のなかから 1 つずつ選び、解答欄のその番号にマークしてください。ただし、同じものを複数回用いることはできません。(配点　8)

(1) Ce blessé est (　　) de danger.

(2) Faites comme (　　) vous.

(3) Ne parlez pas (　　) haute voix !

(4) On voit les montagnes (　　) cette fenêtre.

① à　② chez　③ depuis

④ hors　⑤ jusque　⑥ sur

(解説・解答 ▶ p.152)

2

次のフランス語の文 (1) ～ (5) が、それぞれあたえられた日本語の文が表わす意味になるように、(　　) 内に入れるのにもっとも適切な語 (各 1 語) を、**示されている最初の文字とともに、**解答欄に書いてください。(配点　10)

(1) Elle (m　　) une vie heureuse.
彼女は幸せな生活を送っている。

(2) Il vaut (m　　) partir tout de suite.
すぐ出発したほうがいいですよ。

(3) J'aime la viande bien (c　　).
私はよく焼いた肉が好きだ。

(4) (T　　) la page, s'il vous plaît.
ページをめくってください。

(5) Vous avez l'(a　　) fatigué.
疲れているみたいですね。

(解説・解答 ▶ p.153)

3　次の (1) ～ (5) について、**A**、**B** がほぼ同じ意味になるように、(　　) 内に入れるのにもっとも適切なものを、下の語群から1つずつ選び、必要な形にして解答欄に書いてください。ただし、同じものを複数回用いることはできません。(配点　10)

(1) **A** Il n'a pas pu venir à l'heure à cause d'un accident.

B S'il n'y avait pas eu d'accident, il (　　) à l'heure.

(2) **A** Il vous a fallu combien de temps pour venir ici ?

B Vous (　　) combien de temps pour venir ici ?

(3) **A** La distance entre notre ville et Paris est de 25 kilomètres.

B Notre ville (　　) à 25 kilomètres de Paris.

(4) **A** Restez là.

B Ne (　　) pas.

(5) **A** Simon écoutait bien ce que ses parents lui demandaient de faire.

B Simon (　　) bien à ses parents.

arriver	bouger	laisser	mettre
obéir	se trouver	s'occuper	

(解説・解答 ▶ p.154)

4

次の対話 (1) ～ (5) の (　　) 内に入れるのにもっとも適切なものを、下の ① ～ ⑦ のなかから1つずつ選び、解答欄のその番号にマークしてください。ただし、同じものを複数回用いることはできません。(配点 10)

(1) — Comment ça marche, ton travail ?
— En fait, il y a un problème (　　) je n'avais pas pensé.

(2) — Il a commencé à pleuvoir ! Nous n'avons pas de parapluie.
— Prenez (　　), si vous voulez.

(3) — Il a dépensé tout son argent pendant son séjour en France !
— Il ne lui (　　) reste plus ?

(4) — Ils ont bu pendant le repas ?
— Ah oui ! Ils ont bu une bouteille (　　).

(5) — Que pensez-vous de ce plan ?
— C'est parfait. Je n'ai (　　) à ajouter.

① auquel　② chacun　③ en　④ lequel
⑤ les autres　⑥ les nôtres　⑦ rien

(解説・解答 ▶ p.156)

5　次の文章を読み、(1) ～ (5) に入れるのにもっとも適切なものを、それぞれ右のページの ① ～ ③ のなかから1つずつ選び、解答欄のその番号にマークしてください。(配点 10)

Aujourd'hui, de plus en plus de jeunes femmes s'intéressent à l'accouchement* « naturel » dans les maisons de naissance** : ce sont des lieux où seules des sages-femmes*** accompagnent l'accouchement. (1), ces futures mères voudraient prendre le moins de médicaments possible, être accompagnées par la même sage-femme avant, pendant et après l'accouchement et (2) l'arrivée du bébé. (3), d'ici à la fin 2022, on va créer douze nouvelles maisons de naissance un peu partout en France.

Mathilde, 28 ans, va devenir mère le mois prochain. Une de ses amies lui a recommandé un grand hôpital au centre-ville, (4) Mathilde a préféré la maison de naissance qui vient d'ouvrir près de chez elle. Maintenant, elle est très contente de son choix. (5), elle prépare son corps à l'accouchement, en faisant tous les jours des exercices pour future maman avec sa sage-femme.

* accouchement : 分娩《ぶんべん》・出産
** maison de naissance : 助産院・出産施設
*** sage-femme : 助産師

(1)　① Cependant
　　② En effet
　　③ Par hasard

(2)　① attendre tranquillement
　　② avancer à tout prix
　　③ éviter absolument

(3)　① Autrefois
　　② De fait
　　③ Malgré cela

(4)　① c’est pourquoi
　　② et donc
　　③ mais

(5)　① Malheureusement
　　② Or
　　③ Petit à petit

（解説・解答 ▶ p.158）

6 次の文章を読み、右のページの (1) ～ (6) について、文章の内容に一致する場合は解答欄の ① に、一致しない場合は ② にマークしてください。(配点　12)

C'est avec l'idée de diriger son propre restaurant que Jean-Paul a quitté la cuisine d'un grand hôtel où il avait travaillé pendant plus de 20 ans. Après avoir demandé leur avis à ses amis, Jean-Paul a ouvert fin octobre un petit restaurant de volaille* : il voulait faire connaître l'excellente qualité du poulet de sa région.

Comme Jean-Paul travaille tout seul, le restaurant n'offre que des plats à emporter pour le moment. Le choix des plats est assez limité**, mais il change tous les mois. Aux clients venus pour la première fois, il recommande son poulet rôti***. À son avis, c'est la meilleure façon de goûter la viande. Jean-Paul veut, si la situation le permet, commencer le service en salle prochainement.

* volaille : 鶏肉
** limité : 限られた
*** rôti : ローストした

(1) Jean-Paul a ouvert son restaurant tout en travaillant dans un hôtel.

(2) Jean-Paul n'a parlé à personne de son projet avant l'ouverture de son restaurant.

(3) Jean-Paul est fier de la qualité du poulet de sa région.

(4) Les plats chez Jean-Paul sont toujours les mêmes.

(5) Jean-Paul conseille aux nouveaux clients son poulet rôti.

(6) Pour le moment, on ne peut pas manger à l'intérieur du restaurant de Jean-Paul.

(解説・解答 ▶ p.160)

7

次の会話を読み、(1)～(5)に入れるのにもっとも適切なものを、それぞれ右のページの ① ～ ③ のなかから 1 つずつ選び、解答欄のその番号にマークしてください。(配点 10)

Romain : Regarde ça !
Stéphanie : Ah ! ta veste, (1) Où l'as-tu trouvée ?
Romain : Je l'ai achetée au marché aux puces*.
Stéphanie : C'est un vieux vêtement, alors ?
Romain : Oui. (2) qu'elle a été faite dans les années 1920 ?
Stéphanie : Vraiment ? Mais elle est charmante et toujours à la mode !
Romain : (3) que cette veste me plaît beaucoup.
Stéphanie : Ils sont bon marché, les vieux vêtements comme celui-ci ?
Romain : (4). Certains coûtent jusqu'à 1 000 euros. C'est vrai qu'ils sont vieux et souvent réparés, mais il y a des choses qui restent (5) jolies que les neuves.

* marché aux puces : 蚤《のみ》の市《いち》、フリーマーケット

(1)　① comme elle est jolie !
　　② comment elle va ?
　　③ que tu dis ?

(2)　① Est-ce vrai
　　② Es-tu certaine
　　③ Peux-tu croire

(3)　① C'est dommage
　　② C'est pour ça
　　③ Il n'empêche

(4)　① Ça dépend
　　② Oui, souvent
　　③ Tout à fait

(5)　① déjà moins
　　② jamais plus
　　③ même plus

（解説・解答 ▶ p.162）

2022年度春季
実用フランス語技能検定試験
聞き取り試験問題冊子　〈準 2 級〉

書き取り・聞き取り試験時間は、
11 時 35 分 から 約 25 分 間

先に書き取り試験をおこないます。解答用紙表面の書き取り試験注意事項をよく読んでください。書き取り試験解答欄は裏面にあります。

この冊子は指示があるまで開かないでください。

◇**筆記試験と書き取り・聞き取り試験の双方を受験しないと欠席になります。**
◇問題冊子は表紙を含め 4 ページ、全部で 2 問題です。

書き取り・聞き取り試験注意事項

1　途中退出はいっさい認めません。
2　書き取り・聞き取り試験は、CD・テープでおこないます。
3　解答用紙の所定欄に、**受験番号**と**カナ氏名**が印刷されていますから、まちがいがないか、**確認**してください。
4　CD・テープの指示にしたがい、中を開いて、日本語の説明をよく読んでください。フランス語で書かれた部分にも目を通しておいてください。
5　解答はすべて別紙の書き取り・聞き取り試験解答用紙の解答欄に、**HB または B の黒鉛筆**（シャープペンシルも可）で記入またはマークしてください。ボールペンや万年筆等でマークした解答は機械による読み取りの対象とならないため、採点されません。
6　問題内容に関する質問はいっさい受けつけません。
7　**携帯電話等の電子機器の電源はかならず切って、かばん等にしまってください。**通信機能のある時計は使用を禁じます。
8　**時計のアラームは使用しないでください。**
9　この試験問題の複製（コピー）を禁じます。また、この試験問題の一部または全部を当協会の許可なく他に伝えたり、漏えいしたりすることを禁じます（インターネットや携帯サイト等に掲載することも含みます）。

書き取り・聞き取り試験

書き取り試験

注意事項

フランス語の文章を、次の要領で4回読みます。全文を書き取ってください。

- 1回目、2回目は、ふつうの速さで全文を読みます。内容をよく理解するようにしてください。
- 3回目は、ポーズをおきますから、その間に書き取ってください（句読点も読みます）。
- 最後に、もう1回ふつうの速さで全文を読みます。
- 読み終わってから2分後に、聞き取り試験にうつります。
- 数を書く場合は、算用数字で書いてかまいません。（配点　12）

［音声を聞く順番］ ⓯→⓯→⓰→⓯

（解説・解答 ▶ p.164）

聞き取り試験

1

- まず、Sophieと父親の会話を聞いてください。
- つづいて、それについての6つの質問を読みます。
- もう1回、会話を聞いてください。
- もう1回、6つの質問を読みます。1問ごとにポーズをおきますから、その間に、答えを解答用紙の解答欄にフランス語で書いてください。
- それぞれの（　　）内に1語入ります。
- 答えを書く時間は、1問につき10秒です。
- 最後に、もう1回会話を聞いてください。
- 数を記入する場合は、算用数字で書いてください。

（メモは自由にとってかまいません）（配点　8）

［音声を聞く順番］ ⓱→⓲→⓱→⓳→⓱

(1) Elle apprend le chinois depuis cet (　　).

(2) Il pense que ce n'est pas (　　).

(3) Il parle de la (　　) et de l'(　　) de la Chine.

(4) Elle a (　　) un (　　) à la bibliothèque.

(5) Il a voyagé en Chine quand il était (　　).

(6) Elle lui conseille de (　　) le chinois.

（解説・解答 ▶ p.165）

2

- まず、Jacques の話を 2 回聞いてください。
- 次に、その内容について述べた文 (1) ～ (10) を 2 回通して読みます。それぞれの文が話の内容に一致する場合は解答欄の ① に、一致しない場合は ② にマークしてください。
- 最後に、もう 1 回 Jacques の話を聞いてください。
（メモは自由にとってかまいません）（配点　10）

［音声を聞く順番］ ⑳ → ⑳ → ㉑ → ㉑ → ⑳

（解説・解答 ▶ p.169）

2　次　試　験

試験方法

○ 2 次試験は個人面接です。(面接時間：約 5 分)
○係員の指示で、ひとりずつ面接室に入ります。
○入室したら面接委員が着席するよう日本語で指示します。
○着席すると、面接委員が受験者の名前と受験級を日本語で確認します。
○次に面接委員が、フランス語の文とイラストがある「問題カード」をわたし、黙読するように指示します。黙読の時間は 1 分間です。このとき、イラストもよく見ておいてください。
○黙読が終わると、次に音読するように指示されます。よく聞こえるように読んでください。
○音読が終わると、面接委員が「問題カード」の文の内容およびイラストに関してフランス語で 5 つの質問をしますから、フランス語で答えてください。答える際に「問題カード」を見てもかまいません。
○質問が終わると、面接委員がその旨を告げますから、「問題カード」を面接委員にかえして退室します。

＊注意＊　試験入室前に携帯電話等の電子機器の電源を切ってください。

2022年度春季実用フランス語技能検定試験　準2級2次試験

問題カードA

㉒

D'habitude, Agnès amène son fils à l'école maternelle en vélo électrique. Mais aujourd'hui, comme leur vélo est tombé en panne, ils vont prendre un bus. Ils l'attendent depuis plus de dix minutes.

問題カードA

A （2022 年度春季）

㉓

Question 1 : D'habitude, comment Agnès amène-t-elle son fils à l'école maternelle ?

Question 2 : Aujourd'hui, pourquoi Agnès et son fils ne prennent-ils pas leur vélo ?

Question 3 : Combien de personnes y a-t-il ?

Question 4 : L'homme à droite, qu'est-ce qu'il fait ?

Question 5 : Qu'est-ce que le garçon porte sur la tête ?

（解説・解答例 ▶ p.174）

2022年度春季実用フランス語技能検定試験　準2級2次試験

問題カードB

㉔

Marine aime les animaux depuis son enfance. À l'université, elle a étudié les chevaux. Maintenant, pour son travail, elle voyage à travers le monde. Aujourd'hui, elle va partir pour une île du Japon où il y a des chevaux sauvages.

問題カードB

B （2022 年度春季）

㉕

Question 1 : Depuis quand est-ce que Marine aime les animaux ?

Question 2 : Où est-ce que Marine va partir aujourd’hui ?

Question 3 : Il y a combien d’oiseaux qui volent ?

Question 4 : Comment ces gens vont-ils sur l’île ?

Question 5 : Quel temps fait-il ?

（解説・解答例 ▶ p.176）

2022 年度春季準 2 級

2022 年度春季の準 2 級出願者数は、1 次試験免除者数 60 名を合わせて 1215 名、実受験者数は 1039 名でした。1 次試験の平均点は 60 点（満点 100 点）、合格基準点は 56 点、合格者は 636 名、合格率は 61.2％でした。前年度春季と比較すると、平均点、合格基準点ともに 3 点下がりました。

2 次試験の受験者は、1 次試験免除者 60 名をふくめた 673 名で、合格基準点は 18 点（満点 30 点）、合格者数は 579 名、最終合格率は 53.8％でした。

出題内容のあらまし

1次［筆記］

1 前置詞（穴うめ・選択）
2 フランス語文の完成（和訳つき／穴うめ・記述）
3 フランス語文の完成（動詞を選択活用／穴うめ・記述）
4 対話文完成（穴うめ・選択）
5 長文完成（自然分娩《ぶんべん》の流行／穴うめ・選択）
6 長文読解（鶏肉専門のレストラン／内容一致・選択）
7 会話文完成（蚤《のみ》の市《いち》での買い物／穴うめ・選択）

［書き取り］（聞き取りと合わせて約25分）
平易な短い文章の書き取り（娘が学業を終えてアメリカへ）

［聞き取り］
1 会話文の聞き取り（中国語を習う娘と父／仏問仏答完成／穴うめ・記述）
2 長文聞き取り（母の家に子猫を見にいく／内容一致・選択）

2次［面接］
個人面接方式。面接委員の指示にしたがって、フランス語の文章を音読し、フランス語の質問にフランス語で答える。試験時間は約5分。

1 次 試 験

筆記試験

解説・解答

1 **解説**　フランス語の文の（　　）内に入れるのにもっとも適切な前置詞を6つの選択肢から選ぶ問題です。問題数は4、配点は各問2点、合計8点です。

以下、正答を入れたフランス語の文に日本語訳を添えて解説していきます。

(1) Ce blessé est (hors) de danger.「この怪我人は危機を脱した」。hors de... は、「～の外に」という意味から派生して、「～をはずれた、～を脱した、～が不可能な」という意味を表わすことがあります。hors de saison「季節はずれの」、hors de comparaison「比類ない」などの表現を覚えておくとよいでしょう。得点率は67%でした。

(2) Faites comme (chez) vous.「気楽にくつろいでください」。「～の家で」を表わす基本的な用法です。直訳すれば「自分の家にいるようにふるまってください」となり、客を迎えたときのきまり文句です。受験者になじみのある表現だったようで、得点率は4問中もっとも高く、88%でした。

(3) Ne parlez pas (à) haute voix !「大声で話さないでください」。様態や様式を表わすàの用法です。rire à grands éclats「爆笑する」やrouler à grande vitesse「（車が）猛スピードで走る」のように、無冠詞の名詞をともなうことがよくあります。得点率は80%でした。

(4) On voit les montagnes (depuis) cette fenêtre.「この窓から山が見える」。「窓から眺める」と言うためには経路を表わすparが使えますが、ここでは選択肢にありません。depuis「～から」は時間だけでなく、場所についても用いることを覚えておきましょう。surを選んだ解答が多く見られましたが、

「窓のうえに山が見える」では意味が通りません。得点率は4問中もっとも低く、32%でした。

全4問の平均得点率は67%で、2021年度秋季とくらべて20ポイント上がりました。前置詞は単独で意味を覚えるだけでなく、前置詞をふくむ定型表現を覚えておくことも大切です。勉強するなかで出会った表現は欠かさずチェックするように心がけてください。

解答 (1) ④　(2) ②　(3) ①　(4) ③

2 **解説** 下に示された日本語に対応させる形で、フランス語の文に欠落している語をおぎなう記述式の問題です。問題数は5、配点は各問2点、合計10点です。

以下、正答を入れたフランス語の文に日本語訳を添えて解説していきます。

(1) Elle (mène) une vie heureuse.「彼女は幸せな生活を送っている」。動詞 mener には「～を連れていく」という基本的な意味のほかに、〈mener une vie＋形容詞〉で「～な生活を送る」という用法があります。mener une vie régulière「規則正しい生活を送る」のように使います。*met* や *marche* などの誤答が多く見られました。得点率は5問中一番低く、4%しかありませんでした。

(2) Il vaut (mieux) partir tout de suite.「すぐ出発したほうがいいですよ」。正解は bien の比較級 mieux です。vaut の不定詞は valoir で、「～の値段である、価値がある」という意味の動詞です。ここでは、〈il vaut mieux＋不定詞〉「～するほうがよい」という非人称構文になっています。*meilleur* とした誤答が多く見られましたが、これは形容詞 bon の比較級なので、ここでは適切ではありません。得点率は64%でした。

(3) J'aime la viande bien (cuite).「私はよく焼いた肉が好きだ」。正解は動詞 cuire「(食物) に火を通す」の過去分詞ですが、viande に合わせて女性形にする必要があります。レストランでステーキをたのむと、焼き方を尋ねられます。bien cuit「ウエルダン」、à point「ミディアム」、saignant「レア」

をセットで覚えておきましょう。*cuisinée* という誤答が見られましたが、日本語に合いません。ほかに男性形 *cuit* とした誤答もありました。性・数にはよく注意しましょう。得点率は 7%とふるいませんでした。

(4)　(Tournez) la page, s'il vous plaît.「ページをめくってください」。tourner は「〜を回す、回転させる」が基本の意味ですが、「〜を裏返す、ひっくり返す」という意味にもなります。*Turnez*、*Treunez*、*Tornez* などのつづりのまちがいが見られたほか、*Tenez* や *Tirez* とした誤答もありました。得点率は 43%でした。

(5)　Vous avez l'(air) fatigué.「疲れているみたいですね」。この air は「様子、外観、顔つき」を意味します。〈 avoir l'air + 形容詞 〉「〜のようである」という熟語表現です。なお、ものが主語の場合、Ces oranges ont l'air bonnes.「このオレンジはおいしそうだ」のように、形容詞は主語と性・数をそろえます。一方、人が主語の場合には、Elles ont l'air [gentilles / gentil].「彼女たちは親切そうだ」のように、主語または air のどちらとそろえてもかまいません。*avoir*、*autre*、*aire* などの誤答が見られました。得点率は 77%でした。

全 5 問の平均得点率は 39%で、2021 年度秋季とくらべて 7 ポイント下がりました。空欄に入れる語は、名詞に限らず、動詞、形容詞、副詞などさまざまです。日ごろから会話表現や定型表現にふれるようにし、アクサン記号もふくめて正確につづれるように練習することが大切です。

解答　(1) mène　(2) mieux　(3) cuite　(4) Tournez　(5) air

3　**解説**　提示されたフランス語文とほぼ同じ意味になるフランス語文を完成させる問題です。完成させるべき文の空欄に、下にあたえられた 7 つの動詞から適合するものをひとつ選び、法や時制も考慮して、適切な形に変化させます。記述式の問題で、問題数は 5、配点は各問 2 点、合計 10 点です。

A の文に日本語訳を付したうえで解説していきます。

(1)　**A**　Il n'a pas pu venir à l'heure à cause d'un accident.「彼は事故のせ

いで時間どおりに来ることができなかった」。**B** の文は Si の条件節から始まって、「もし事故がなかったら」という仮定を示していますから、主節は「時間どおりに来ることができただろう」と推測を表わす文になるとわかります。あてはまる動詞は arriver「到着する」です。時制はどうなるでしょうか。過去についての話なので、条件節が il n'y avait pas eu と大過去になっていることから、主節は条件法過去にする必要があります。なお、arriver を複合形にするときには助動詞に être を用います。正解は、S'il n'y avait pas eu d'accident, il (serait arrivé) à l'heure.「事故がなかったら、彼は時間どおりに着いただろう」。わかりにくいですが、arrivé は主語 il に性・数一致しています。誤答では、条件法現在 *arriverait* が多数見られたほか、半過去 *arrivait* や複合過去 *est arrivé* としたものがありました。得点率は 5 問中もっとも低く、8%でした。

(2)　**A**　Il vous a fallu combien de temps pour venir ici ?「あなたはここに来るのにどれくらいの時間がかかりましたか」。**A** は非人称構文ですが、**B** は主語が Vous になっています。「(時間) をかける」という意味の動詞を空欄に入れる必要があるので、mettre を選べばいいとわかります。**A** の動詞 a fallu は falloir の複合過去ですから、**B** も同じく複合過去にすればよいでしょう。正解は、Vous (avez mis) combien de temps pour venir ici ?「あなたはここに来るのにどれくらい時間をかけましたか」となります。occuper や laisser を選んだ誤答が見られましたが、いずれも意味が通じません。mettre の過去分詞を誤って *met* や *mit* とつづった解答もありました。得点率は 24%とふるいませんでした。

(3)　**A**　La distance entre notre ville et Paris est de 25 kilomètres.「私たちの町とパリとの距離は 25 キロです」。**B** の文は Notre ville が主語になり、空欄のうしろには à 25 kilomètres de Paris「パリから 25 キロのところに」とつづいているので、「位置する」という意味の動詞を選べばいいとわかります。したがって se trouver を選択します。時制は **A** に合わせて現在形にすればよいでしょう。Notre ville (se trouve) à 25 kilomètres de Paris.「私たちの町はパリから 25 キロのところにあります」となります。誤答には *met* や *laisse* が見られました。得点率は 5 問中もっとも高かったものの、44%にとどまりました。

(4)　**A**　Restez là.「そこにいてください」。**A** は肯定の命令文ですが、**B** は否定の命令文になっているので、反対の意味を表わす動詞を選ぶ必要があります。「とどまる」の反対は「移動する」ですから、bouger「動く、移動する」を選べばよいでしょう。正解は Ne (bougez) pas.「動かないでください」です。*laissez* や *vous occupez* という誤答が見られました。得点率は 37%でした。

(5)　**A**　Simon écoutait bien ce que ses parents lui demandaient de faire.「Simon は、両親が彼にするように言うことをよく聞いていた」。**B** の文では主語は同じく Simon ですが、空欄のうしろに à ses parents「彼の両親に」とあるので、間接目的補語をとる動詞を選ばなければいけません。obéir à...「～にしたがう」という熟語を思い出せたでしょうか。時制は **A** に合わせて半過去にする必要があります。Simon (obéissait) bien à ses parents.「Simon は両親の言うことをよく聞いていた」が正解です。せっかく動詞を正しく選んだのに、*obéit* と現在形にしてしまったり、*obéiait*、*obéait*、*obéisait* と、つづりをまちがえた誤答がめだちました。obéir は、finir「～を終える、終わる」や choisir「～を選ぶ」と同じ第 2 群規則動詞です。活用を確認しておきましょう。得点率は 22%でした。

全 5 問の平均得点率は 27%で、低調だった 2021 年度秋季からさらに 4 ポイント下がりました。よく使う動詞の活用を確認し、面倒がらずに書く練習をすることが、上達への一番の近道です。複合時制に使う助動詞や、過去分詞、性・数一致も復習しておいてください。

解答　(1) serait arrivé　　(2) avez mis　　(3) se trouve
(4) bougez　　(5) obéissait

4　**解説**　対話文の空欄に入るもっとも適切な疑問代名詞、関係代名詞、不定代名詞、疑問形容詞、不定形容詞などを、下の 7 つの選択肢から選ぶ問題です。問題数は 5、配点は各問 2 点、合計 10 点です。

空欄をおぎなう形で日本語訳を付しながら、解説していきます。

(1)　Comment ça marche, ton travail ?「君の仕事、調子はどう」と尋ねられ

たのに対し、En fait, il y a un problème (　　　) je n'avais pas pensé.「じつは、思ってもみなかった問題があるんだ」と答えています。空欄には関係代名詞が入りますが、先行詞 problème と後続の動詞 n'avais pas pensé はどのような関係でしょうか。penser は penser à...「～のことを考える」のように使うので、先行詞につなげるには前置詞 à が必要です。したがって正解は ① auquel になります。これは à と関係代名詞 lequel の縮約形です。得点率は 57％でした。

(2) Il a commencé à pleuvoir ! Nous n'avons pas de parapluie.「雨が降り始めた！　私たちは傘を持っていません」と言われたのに対し、Prenez (　　　), si vous voulez.「よろしければ（　　　）をお使いください」と応じています。おそらく傘を貸してあげようというのでしょうから、nos parapluies「私たちの傘」が妥当です。ただし、フランス語では同じ語を繰り返さないように代名詞で置きかえるのが自然ですので、⑥ les nôtres「私たちのもの」が正解になります。これは所有代名詞で、定冠詞とともに用いて「～のもの」を表わします。得点率は 59％でした。

(3) Il a dépensé tout son argent pendant son séjour en France !「彼はフランス滞在中に所持金をすべて使ってしまった！」と言われたのに対し、Il ne lui (　　　) reste plus ?「彼にはもう（　　　）残っていないの？」と尋ねています。話の流れから空欄には「お金」を指す語が入るとわかります。問題となっているのは所持金のうちの「いくらか」なので、不特定のものをうける中性代名詞 ③ en が正解です。得点率は 55％でした。

(4) Ils ont bu pendant le repas ?「食事中に彼らは飲みましたか」という問いに対して、Ah oui ! Ils ont bu une bouteille (　　　).「ええ、そうです！（　　　）1 瓶飲みました」と答えています。全員で 1 本空けたのならなにも付け加える必要はありません。ここはおそらく、「ひとり 1 本ずつ」だろうと想像できます。正解は ② chacun「おのおの」です。これは不定代名詞で、「おのおの、各自」を表わすほか、「だれでも、人はみな」の意味で用いることもあります。得点率は 64％でした。

(5) Que pensez-vous de ce plan ?「この計画についてどう思いますか」と

意見を聞かれて、C’est parfait. Je n’ai (　　　) à ajouter.「完璧です。付け加えるべき（　　　）はありません」と答えています。ne があって pas がないのがポイントです。pas を用いない否定文という条件にあてはまるのは ⑦ rien「なにも（～ない）」で、「付け加えるべきことはなにもありません」となります。得点率は 83％でした。

全 5 問の平均得点率は 64％で、2021 年度秋季とまったく同じでした。代名詞は数が限られているので、それぞれの用法についてまとめて確認しておくとよいでしょう。解答の際には、空欄部分が文のなかでどのような役割をはたしているのかを論理的に考えることが、答えをみちびく鍵になります。

解答　(1) ①　　(2) ⑥　　(3) ③　　(4) ②　　(5) ⑦

5　**解説**　長文中の空欄に入れるのにもっとも適切な語句を、それぞれ 3 つの選択肢のなかから選ぶ問題です。問題数は 5、配点は各問 2 点、合計 10 点です。

今回は「フランスにおける自然分娩《ぶんべん》の流行」がテーマです。文脈をたどりながら、順に解説していきます。

第 1 段落の第 1 文で、Aujourd’hui, de plus en plus de jeunes femmes s’intéressent à l’accouchement « naturel » dans les maisons de naissance : ce sont des lieux où seules des sages-femmes accompagnent l’accouchement.「こんにち、助産院での『自然』分娩に関心を寄せる若い女性がふえている。その施設では、出産に付き添うのは助産師だけである」と、テーマが導入されています。第 2 文では、(　1　), ces futures mères voudraient prendre le moins de médicaments possible, être accompagnées par la même sage-femme avant, pendant et après l’accouchement「(　1　)、将来の母たちは摂取する薬の量をできるだけ少なくし、出産の前、間、あとまで同じ助産師に付き添われたいと思っているのである」とあります。第 2 文は第 1 文の内容をより具体的に説明しているので、空欄には理由や説明をみちびくことばが入ると予想できます。選択肢を見ると、② En effet「すなわち、というのも」があり、これが正解になります。① Cependant「しかしながら」や、③ Par hasard「偶然に」は、この文脈にうまくあてはまりません。得点率は 74％

でした。

第 2 文は et (　2　) l'arrivée du bébé.「そして赤ん坊の誕生を (　2　) ことを望んでいる」とつづきます。prendre、être accompagnées のあと、voudraient とつながる 3 つ目の不定詞が問題となっています。前の部分で妊婦は出産の前後に同じ助産師に付き添われるとあるので、空欄には「あわてずに出産を待つ」といった意味の言葉が入ると予想できます。正解は① attendre tranquillement「落ち着いて待つ」です。② avancer à tout prix「是が非でも早める」や、③ éviter absolument「絶対に避ける」は文脈に合いません。得点率は 77%でした。

第 3 文は (　3　), d'ici à la fin 2022, on va créer douze nouvelles maisons de naissance un peu partout en France.「(　3　)、今から 2022 年末までに、フランス全土に 12 の新しい助産院が作られるだろう」です。多くの若い妊婦が自然出産を望んでいるという、これまでの内容の証拠となる事実が示されています。選択肢を見ると、① Autrefois「昔は」、② De fait「実際に」、③ Malgré cela「にもかかわらず」となっていますから、ふさわしいのは②です。得点率は 5 問中もっとも低く、65%でした。

第 2 段落では具体例があげられています。第 1・2 文は、Mathilde, 28 ans, va devenir mère le mois prochain. Une de ses amies lui a recommandé un grand hôpital au centre-ville,「28 歳の Mathilde は来月母になる。友人のひとりは彼女に都心部の大きな病院をすすめた」とあり、そのあとに (　4　) Mathilde a préféré la maison de naissance qui vient d'ouvrir près de chez elle.「(　4　)、Mathilde は家の近くに開院したばかりの助産院のほうがよいと思った」とつづいています。友人の助言にしたがわなかったのですから、空欄には対立を示すことばが入るはずです。正解は③ mais「しかし」です。① c'est pourquoi「そういうわけで」、② et donc「したがって」では、文脈にうまくあてはまりません。得点率は 5 問中もっとも高く、92%でした。

第 3 文は Maintenant, elle est très contente de son choix.「いま、彼女は自分の選択にとても満足している」とあります。最後の文は、(　5　), elle prépare son corps à l'accouchement, en faisant tous les jours des exercices pour future maman avec sa sage-femme.「(5)、彼女は出産のために体を整えており、毎日、助産師といっしょに、未来の母親のための運動をしている」。選択肢を見ると、① Malheureusement「残念ながら」、② Or「さて」、③ Petit à petit「少しずつ」とあります。最後の文は肯定的な内容ですから、①は文脈に合いません。②は話題を変えたり、逆接のニュアンスを付け加えたりする接続詞なので、これも不自然です。正解は③になります。得点率は83%でした。

全5問の平均得点率は78%で、2021年度秋季とくらべると3ポイント下がりました。ふだんの練習では、文章を1文1文ばらばらに読むのではなく、文と文の関係に注意をはらいながら、文章全体の意味を理解するように心がけましょう。

解答　(1) ②　(2) ①　(3) ②　(4) ③　(5) ③

6　**解説**　長文を読み、その内容について述べた文が、長文の内容に一致するか否かを判断する問題です。選択式問題で、内容について述べた文は6つ、配点は各問2点、合計12点です。

今回は、Jean-Paul が長く勤めたホテルを辞めて、鶏肉専門のレストランを開店したという話です。

内容について述べた(1)〜(6)の文を長文中の各文と対応させ、日本語訳を付けながら解説していきます。

(1) Jean-Paul a ouvert son restaurant tout en travaillant dans un hôtel.「Jean-Paul はホテルで働きながら、自分のレストランを開店した」。本文の冒頭に、C'est avec l'idée de diriger son propre restaurant que Jean-Paul a quitté la cuisine d'un grand hôtel où il avait travaillé pendant plus de 20 ans.「自分自身のレストランを経営するという考えをいだいて、Jean-Paul は20年以上勤めた大きなホテルの調理場を去った」とありますから、内容に一致していません。得点率は89%でした。

(2) Jean-Paul n'a parlé à personne de son projet avant l'ouverture de son restaurant.「Jean-Paul は、レストランの開店までだれにも自分の計画を話さ

なかった」。第2文には Après avoir demandé leur avis à ses amis, Jean-Paul a ouvert fin octobre un petit restaurant de volaille「友人たちに意見を尋ねたあと、Jean-Paul は10月末に鶏肉専門の小さなレストランを開いた」とありますので、内容に一致していません。得点率は90%でした。

(3) Jean-Paul est fier de la qualité du poulet de sa région.「Jean-Paul は地元の鶏の品質に自信をもっている」。第2文の後半に、il voulait faire connaître l'excellente qualité du poulet de sa région.「彼は地元の鶏の優れた品質を知ってほしいと思っていた」とありますから、内容に一致しています。得点率は89%でした。

(4) Les plats chez Jean-Paul sont toujours les mêmes.「Jean-Paul の店の料理はいつでも同じである」。第2段落の第1文は、Comme Jean-Paul travaille tout seul, le restaurant n'offre que des plats à emporter pour le moment.「Jean-Paul はひとりで働いているので、レストランは今のところ持ち帰り用の料理しか提供していない」です。つづいて、Le choix des plats est assez limité, mais il change tous les mois.「料理の種類はとても限られているが、それは毎月変更されている」とありますから、内容に一致していません。得点率は88%でした。

(5) Jean-Paul conseille aux nouveaux clients son poulet rôti.「Jean-Paul は新しい客にはロースト・チキンをすすめている」。第3文は Aux clients venus pour la première fois, il recommande son poulet rôti.「はじめて来る客には、彼はロースト・チキンをすすめている」とあります。さらに文章は、À son avis, c'est la meilleure façon de goûter la viande.「彼の意見では、それが肉を味わう最良の方法なのだ」とつづいています。したがって、内容に一致しています。得点率は91%でした。

(6) Pour le moment, on ne peut pas manger à l'intérieur du restaurant de Jean-Paul.「今のところ、Jean-Paul のレストランの店内で食事をとることはできない」。すでに第2段落の第1文に答えがありますが、本文の最後に、Jean-Paul veut, si la situation le permet, commencer le service en salle prochainement.「Jean-Paul は、もし状況が許すなら、近いうちに店内での

サービスを始めたいと思っている」とあることからも、今はまだ店内で食事はできないとわかります。したがって内容に一致しています。得点率は6問中もっとも低く、42％でした。

全6問の平均得点率は81％で、2021年度秋季とくらべると8ポイント上がっています。本文の対応する箇所をよく確認し、落ち着いて内容を比較するようにしましょう。

解答　(1) ②　(2) ②　(3) ①　(4) ②　(5) ①　(6) ①

7　**解説**　会話文の空欄にあてはまるもっとも適切な語句を、それぞれ3つの選択肢から選ぶ問題です。空欄は5つ、配点は各問2点、合計10点です。

今回は、蚤《のみ》の市《いち》で上着を買ったRomainと、Stéphanieとの会話です。話の筋をたどりながら順に見ていきましょう。

まずRomainがStéphanieに、Regarde ça !「これを見て！」と話しかけます。するとStéphanieはAh ! ta veste, (　1　)「ああ！　あなたの上着、(　1　)」と答えたあと、Où l'as-tu trouvée ?「どこでそれを見つけたの」と尋ねています。選択肢を見ると、① comme elle est jolie !「なんてすてきなの！」、② comment elle va ?「それはどうなったの」、③ que tu dis ?「そうかしら」とありますから、文脈に合うのは①です。得点率は5問中もっとも高く、93％でした。

つづきを読んでいきましょう。RomainがJe l'ai achetée au marché aux puces.「その上着を蚤の市で買ったんだ」と答えると、StéphanieがC'est un vieux vêtement, alors ?「それじゃあ、古着なの？」と尋ねます。RomainがOui.「そう」と答えたあと、(　2　) qu'elle a été faite dans les années 1920 ?と聞き返しています。選択肢は、① Est-ce vrai「〜は本当？」、② Es-tu certaine「〜と確信している？」、③ Peux-tu croire「〜と信じられる？」です。上着を買ったのはRomainですから、彼がその上着について①や②のように相手に尋ねるのはおかしいでしょう。正解は③で、「この上着が1920年代に作られたなんて信じられる？」となります。得点率は75％でした。

するとStéphanieがVraiment ? Mais elle est charmante et toujours à la mode !「本当に？　でもその上着は魅力的で、いつでも今どきよ！」と答えます。そのことばをうけて、Romainが(　3　) que cette veste me plaît beaucoup.と言います。選択肢を見ると、① C'est dommage「～は残念だ」、② C'est pour ça「それだから」、③ Il n'empêche「にもかかわらず」となっています。Stéphanieの言ったことが、Romainが上着を買った理由になっているのですから、正解は②です。「それだから、この上着がとても気にいったんだよ」。得点率は82％でした。

つぎにStéphanieがIls sont bon marché, les vieux vêtements comme celui-ci ?「そのような古着が安く売られているの？」と尋ねると、Romainは(　4　)と答えたあとに、Certains coûtent jusqu'à 1 000 euros.「1000ユーロもするものもあるよ」と述べています。安くないものもあるというのですから、① Ça dépend「場合によるね」が正解です。② Oui, souvent「うん、しばしば」、③ Tout à fait「まったくそのとおり」では文脈に合いません。得点率は5問中もっとも低く、61％でした。

Romainが話をつづけて、C'est vrai qu'ils sont vieux et souvent réparés,「たしかに古くて、しばしば修繕されているけれど」と言ったあと、mais il y a des choses qui restent (　5　) jolies que les neuves.とつづけています。選択肢は、① déjà moins「すでに～でない」、② jamais plus「けっしてより～でない」、③ même plus「より～でさえある」です。逆説の接続詞maisのあとなので、肯定的な内容になるはずですから、正解は③です。「新品よりもすてきでさえありつづけているものもあるよ」。得点率は82％でした。

全5問の平均得点率は78％で、2021年度秋季とくらべると21ポイント上がり、大きく改善しました。文脈を正しく理解し、せりふとせりふの間の論理関係をよく考えることが大切です。

解答　(1) ①　(2) ③　(3) ②　(4) ①　(5) ③

書き取り・聞き取り試験

解説・解答

書き取り試験

解説 24 歳になった娘が、学業を終えたあとアメリカに行きたがっているという話です。4 つの文で構成されており、時制は直説法現在、複合過去、単純未来が用いられています。リエゾンは en‿économie、ses‿études、aux‿États-Unis の 3 箇所でした。得点率は 46% で、2021 年度秋季とくらべると 5 ポイント上がりました。書き取りはフランス語の実力をつけるのに有効な学習方法ですから、教科書や参考書に付属の音声を利用するなどして、ぜひ日ごろから取り組んでください。以下、誤りの多かった箇所を中心に解説していきます。

単語のつづりまちがいでは、semaine を *semain*、dernière を *derniére*、économie を *economie*、Après を *Aprés* や *Apres* としたものが少なからずありました。e の文字につくアクサンは発音と関係があります。アクサン・テギュ é [e] は口の開きが狭い、アクサン・グラーヴやアクサン・シルコンフレクス è, ê [ɛ] は口の開きが広いと理解していれば、書きまちがいを減らすことができるでしょう。また、vingt-quatre をトレ・デュニオンなしで *vingt quatre* とした誤答もありました。試験においては数の記入は算用数字でもかまいませんが、つづりで書くときには注意しましょう。États-Unis を *États-unis* としてしまった誤答も見られました。固有名詞なので、U は大文字で書かなければいけません。

動詞のまちがいでは、finira を *fini* や *finir* としたもの、désire を *desire*、*désir* としたもの、souhaitons を *souetons* とした誤答などが多数見られました。なお souhaitons は正答率がとくに低く、多くの受験者が動詞 souhaiter「～を願う、望む」を知らなかったようです。Je vous souhaite bonne chance「ご幸運をお祈りします」のような例文を覚えておきましょう。

そのほかのまちがいでは、dernière を *dernier* と男性形にしたもの、bel avenir を *belle* avenir と女性形にしたもの、また ses études を ses *étude* と単数形で書いてしまった誤答が散見しました。性・数一致はフランス語の重要な規則です。また、en économie を *au* économie とした誤答が見られましたが、au は前置詞 à と定冠詞 le の縮約形です。à がつくなら à l'économie となるはずだと思い出せれば、まちがいに気づけたでしょう。ses études を *ces* études としたまちがいもありました。前の文では「学生である」としか言っておらず、「この勉強」と具体的に指せるものが出てきていなので、指示形容詞は不自然です。最後の 2 分間の見直しの時間には、自分の書いた文に文法的なまちがいがないか、しっかりチェックすることが大切です。

最後に文章全体の日本語訳を付けておきますので、参考にしてください。

「先週、私たちの娘は 24 歳になった。彼女は経済学部の学生で、半年後に卒業する予定だ。そのあと、彼女はアメリカ合衆国に行って働きたいと思っている。私たちは向こうで彼女にすてきな未来が待っていることを願っている。」

解答 La semaine dernière, notre fille a eu vingt-quatre ans. Elle est étudiante en économie et elle finira ses études dans six mois. Après, elle désire aller travailler aux États-Unis. Nous lui souhaitons un bel avenir là-bas.

聞き取り試験

1

（読まれるテキスト）

Le père : Sophie, tout va bien à l'école ?

Sophie : Très bien. J'apprends le chinois depuis cet automne.

Le père : Ce n'est pas facile, non ?

Sophie : Non, mais c'est intéressant. Le professeur parle aussi de la culture et de l'histoire de la Chine.

Le père : Tu veux y aller un jour ?

Sophie : Justement, j'ai emprunté un guide cet après-midi à la bibliothèque.

Le père : Moi, j'ai voyagé dans ce pays quand j'étais lycéen.

Sophie : Ah, bon ? Je ne savais pas. C'était comment ?

Le père : Je me suis beaucoup amusé. En rentrant, j'ai commencé à étudier le chinois, mais j'ai vite arrêté.

Sophie : C'est dommage. Tu devrais recommencer. Comme ça, on pourra voyager en Chine ensemble cette fois.

（読まれる質問）

un : Depuis quand Sophie apprend le chinois ?

deux : Qu'est-ce que le père de Sophie pense du chinois ?

trois : En plus de la langue, de quoi parle le professeur de Sophie ?

quatre : Qu'est-ce que Sophie a fait cet après-midi ?

cinq : Quand est-ce que le père de Sophie a voyagé en Chine ?

six : Qu'est-ce que Sophie conseille à son père ?

解 説 まず 2 人の会話を聞き、次にその内容に関する質問を聞いて、あらかじめ問題冊子に印刷されている答えの文を完成させる問題です。今回、質問の数は 6 つ、空欄の数は 8 つ、空欄ごとに 1 点で、合計 8 点です。それぞれの空欄には 1 語ずつ記入します。

会話を聞く前に、問題冊子に印刷された答えの文をよく読んでおきましょう。空欄の前後の文脈から、空欄に入る語の品詞やその形（性・数、人称・活用など）がある程度推測できるものです。(1)は depuis cet とあるので、時期を表わす母音（または無音の h）で始まる男性名詞だとわかります。これは大きなヒントです。(2)は、ce n'est pas につづくのは形容詞の男性単数形と予想されます。(3)はどちらも名詞、la のあとは女性名詞、l' のあとは母音

(ないし無音のh）で始まる名詞で、どちらも中国にかかわるものだとわかります。(4)は少しむずかしく見えるかもしれませんが、à la bibliothèque がヒントとなり、un につづく男性名詞をある程度しぼることができます。また、Elle a のあとの空欄には、文法的には副詞が入る可能性もありますが、おそらく動詞の過去分詞が入って複合過去の文になるはずです。(5)には、形容詞か職業・身分などを表わす名詞の男性・単数形が入るでしょう。(6)は conseille de とあるので（子音で始まる）動詞の不定詞が入ります。

会話は全部で3回読まれます。会話を聞くときには、空欄部分に相当する箇所にとくに注意し、その部分を聞き取ることができたらメモをしておくとよいでしょう。ただし、まずはしっかり聞いて会話の流れをつかむことが大切なのは言うまでもありません。

今回は、中国語をめぐる Sophie と父親の会話です。読まれる質問の日本語訳を提示し、問題用紙に印刷されている答えの文の空欄に解答を入れながら、順に見ていきます。

(**1**)の質問は「Sophie はいつから中国語を学んでいますか」です。会話の冒頭で父親が Sophie, tout va bien à l'école ?「Sophie、学校はうまくいっている？」と尋ねたのに対し、Sophie が Très bien. J'apprends le chinois depuis cet automne.「順調よ。この秋から中国語を学んでいるの」と答えています。したがって正解は Elle apprend le chinois depuis cet (automne). となります。*an*、*ans*、*autant*、*automn*、*un* などのまちがいが見られ、得点率は18%と低調でした。

(**2**)の質問は「Sophie の父親は中国語についてどう思っていますか」です。娘の言葉を聞いて、父親が Ce n'est pas facile, non ?「むずかしくないかい？」と尋ねている箇所が該当します。正解は Il pense que ce n'est pas (facile). となります。*facille*、*facil* といったつづりのまちがいのほかに、*intéressant* という誤答も見られました。得点率は59%でした。

(**3**)の質問は「Sophie の先生は、言語にくわえてどんなことについて話しますか」です。父親の質問に対し、Sophie が Non, mais c'est intéressant. Le professeur parle aussi de la culture et de l'histoire de la Chine.「むずかしけれど面白いよ。先生は中国の文化や歴史についても話してくれるんだ」

と答えています。正解はIl parle de la (culture) et de l'(histoire) de la Chine.です。cultureの得点率は65%、histoireは67%でした。cultureに関しては無解答のほかに、*culuture*、*Chine*、*langue*などの誤答がありました。histoireについては、*histore*、*histor*、*histoir*などのつづりのまちがいがめだちました。

(4)の質問は「Sophieはきょうの午後、何をしましたか」です。父親がTu veux y aller un jour ?「いつか中国へ行ってみたいかい？」と尋ねたのに対し、SophieがJustement, j'ai emprunté un guide cet après-midi à la bibliothèque.「ちょうどきょうの午後、図書館でガイドブックを借りてきたのよ」と答えています。正解はElle a (emprunté) un (guide) à la bibliothèque.です。empruntéの得点率は12%、guideは46%でした。empruntéについては無解答がもっとも多く、*lu*や*fait*という誤答が見られました。guideについても無解答が散見したほか、*jour*や*après-midi*という誤答や、*gid*というつづりのまちがいがありました。

(5)の質問は「いつ、Sophieの父親は中国に旅行しましたか」です。会話のなかで、父親がMoi, j'ai voyagé dans ce pays quand j'étais lycéen.「私は、高校生のときに中国を旅行したよ」と言っています。正解はIl a voyagé en Chine quand il était (lycéen).です。*lycée*、*jeune*といった誤答や無解答が見られたほか、アクサンを忘れた*lyceen*というまちがいもありました。得点率は35%でした。

(6)の質問は「Sophieは父親に何をすすめていますか」です。会話のつづきを確認しておきましょう。父親に対してSophieがAh, bon ? Je ne savais pas. C'était comment ?「そうなの？　知らなかった。どうだった」と尋ねると、父親はJe me suis beaucoup amusé. En rentrant, j'ai commencé à étudier le chinois, mais j'ai vite arrêté.「とても楽しかったよ。帰ってから、中国語の勉強を始めたけれど、すぐにやめてしまったんだ」と答えています。そこで娘はC'est dommage. Tu devrais recommencer. Comme ça, on pourra voyager en Chine ensemble cette fois.「残念ね。再開するべきよ。そうすれば、今度はいっしょに旅行できるでしょう」と返しています。正解はElle lui conseille de (recommencer) le chinois.です。*voyager*、*étudier*、*commencer*

といった誤答が多く見られ、得点率は8問中もっとも低く、10%にとどまりました。

全8問の平均得点率は39%で、前回の2021年秋季とくらべて15ポイント下がりました。基本的な単語を、アクサンをふくめてまちがえずに書けるように練習することが大切です。

解答　(1) (automne)　(2) (facile)　(3) (culture) (histoire)
(4) (emprunté) (guide)　(5) (lycéen)　(6) (recommencer)

2

(読まれるテキスト)

Ce matin, je me suis réveillé très tôt, parce que j'ai reçu un coup de téléphone à six heures. C'était ma mère. Elle m'a dit que trois petits chats venaient de naître chez elle, et elle m'a demandé de venir les voir avec ma femme Marie. Aujourd'hui, c'est dimanche. Alors, j'allais me reposer un peu à la maison. Et en plus, Marie n'aime pas les animaux... Mais finalement, nous sommes partis en voiture chez ma mère. Au début dans la voiture, nous étions tous les deux mécontents. Cependant, grâce au beau paysage de la campagne, nous sommes devenus peu à peu heureux. Et quand elle a vu ces petits animaux, Marie a poussé un cri de joie. Elle a dit qu'elle voulait emmener un de ces chats chez nous.

(読まれるテキストの内容について述べた文)

un : Ce matin, Jacques s'est réveillé très tard.

deux : Aujourd'hui, la mère de Jacques lui a téléphoné à six heures du matin.

trois : Selon la mère de Jacques, des petits chats sont nés il y a un mois.

quatre : La mère de Jacques lui a demandé de venir chez elle avec sa femme.

cinq : Ce matin, Jacques allait sortir parce que c'était dimanche.

six : Marie a toujours aimé les animaux.

sept : Jacques et Marie sont partis en voiture.

huit : Dès leur départ, Jacques et Marie étaient très contents.

neuf : Jacques et Marie ont aimé le paysage de la campagne.

dix : Marie a voulu emmener tous ces petits chats à la maison.

解 説　まず、フランス語のまとまった文章を聞きます。次に、おなじくフランス語の 10 の文を聞いて、それぞれの文が、読まれた文章の内容に一致するかどうかを判断する問題です。各問 1 点、合計 10 点です。

今回は、Jacques とその妻が、母親の家に生まれた子猫を見にいくという話です。以下、長文の内容に一致するかしないかを問う 10 の文に日本語訳を付けながら解説していきます。

(1)「けさ、Jacques は起きるのがとても遅かった」。第 1 文に、Ce matin, je me suis réveillé très tôt,「けさ、私はとても早く起きた」とあるので、内容に一致しません。得点率は 76%でした。

(2)「きょう、Jacques の母は朝 6 時に彼に電話してきた」。先の文につづいて、parce que j'ai reçu un coup de téléphone à six heures. C'était ma mère.「なぜなら、6 時に電話がかかってきたからだ。母だった」とあるので、内容に一致します。得点率は 88%でした。

(3)「Jacques の母によると、1ヵ月前に 3 匹の子猫が生まれた」。第 3 文で、

Elle m'a dit que trois petits chats venaient de naître chez elle,「彼女は、家で3匹の子猫が生まれたばかりだと言った」とあるので、内容に一致しません。得点率は80%でした。

(4)「Jacquesの母は、彼とその妻に家に来るように言った」。先の文につづいて、et elle m'a demandé de venir les voir avec ma femme Marie.「そして彼女は、私が妻のMarieといっしょに子猫を見にくるように私に言った」とあるので、内容に一致します。得点率は87%でした。

(5)「けさ、Jacquesは日曜日なので外出しようとしていた」。第4・5文で、Aujourd'hui, c'est dimanche. Alors, j'allais me reposer un peu à la maison.「きょうは日曜日だ。それで、私は家で少しゆっくりしようとしていた」とあるので、内容と一致しません。得点率は55%とふるいませんでした。内容について述べた文のallait sortirという近接未来の半過去のニュアンスや、parce queの前後の論理関係をきちんと理解していなかったことが低調の原因と考えられます。

(6)「Marieはずっと動物が好きだった」。第6文にEt en plus, Marie n'aime pas les animaux...「それにくわえて、Marieは動物が好きではない……」とあるので、内容に一致しません。得点率は82%でした。

(7)「JacquesとMarieは車で出かけた」。第7文にMais finalement, nous sommes partis en voiture chez ma mère.「だが結局、私たちは車で母の家へ出かけた」とあるので、内容に一致します。得点率は92%でした。

(8)「出発からすでに、JacquesとMarieはとても満足だった」。第8文にAu début dans la voiture, nous étions tous les deux mécontents.「車に乗った最初は、私たちはふたりとも不満だった」とあるので、内容に一致しません。音だけで聞くとわかりにくいですが、内容について述べた文の最初のDèsは「〜からすぐに、〜からすでに」という意味の前置詞です。また、形容詞mécontent「不満である」はcontent「満足している」の対義語です。対にして覚えましょう。得点率は57%でした。

(9)「Jacques と Marie は田舎の風景が気にいった」。第 9 文に Cependant, grâce au beau paysage de la campagne, nous sommes devenus peu à peu heureux.「しかしながら、田舎の美しい光景のおかげで、私たちは少しずついい気分になった」とあるので、内容に一致します。得点率は 86%でした。

(10)「Marie は子猫をぜんぶ家に連れて帰りたがった」。第 10・11 文に Et quand elle a vu ces petits animaux, Marie a poussé un cri de joie. Elle a dit qu'elle voulait emmener un de ces chats chez nous.「この子猫たちを見たときに、Marie は喜びの声をあげた。彼女は、そのうちの 1 匹を連れて帰りたいと言った」とあるので、内容に一致しません。tous ces petits chats と un de ces chats を聞き分けることが、この問題を解く鍵です。得点率は 10 問中もっとも低く、53%でした。

全 10 問の平均得点率は 76%で、2021 年度秋季とくらべて 9 ポイント下がりました。長文と 10 の問題文とでは、語句や表現が若干言いかえられている場合があります。それによって内容が変わっているのか、そうではないのか、しっかり聞き取って理解することがポイントになります。

解答　(1) ②　(2) ①　(3) ②　(4) ①　(5) ②
(6) ②　(7) ①　(8) ②　(9) ①　(10) ②

1 次試験配点表

筆記試験	1	2	3	4	5	6	7	小計	書き取り	小計	聞き取り	1	2	小計	合計
	8点	10	10	10	10	12	10	70		12		8	10	18	100

2 次 試 験

試験方法

音　読

問題カードに印刷された35語程度のフランス語の文章を音読します。配点は10点です。

試験の進行は基本的に春季と秋季で同じです。音読する前に、1分間、黙読する時間があたえられます。その間に内容や発音を確認しておきましょう。とくに、リエゾンすべき箇所と、逆に、してはならない箇所をきちんと確認しておきましょう。

また、フランス語は発音の規則がしっかりときまっていますので、日ごろからその規則を意識して音読する習慣を身につけておいてください。本番の試験では、個々のフランス語の発音だけでなく、文章全体のリズムにも留意しつつ、落ちついて読んでください。万一、読みまちがえても、訂正して読みなおすことがゆるされていますので、リラックスして、かつ明瞭な声で発音してください。

質問と答え

問題カードに印刷されたフランス語の文章についての2つの質問と、イラストについての3つの質問の合計5つの質問に答えます。質問と答えのやりとりは、すべてフランス語でおこなわれます。配点は、各質問4点、合計20点です。

各質問には、原則として、主語と動詞をふくむ完全なフランス語の文で答えてください。日常会話ならば主語や動詞をはぶいて答えても会話として成立することはありますが、ここでは正しくフランス語の文を構成する能力のあるなしが審査されていると考えてください。

また、質問のなかにでてくる名詞を答えのなかで繰り返す場合、代名詞にするほうが自然です。その名詞の性・数に合わせた代名詞に置きかえることができるかどうかも審査の対象となります。

印刷されたフランス語の文章についての質問は、ほとんどの場合、文章中に答えを見つけることができます。ただし、文章中の一部をそのまま抜きだしただけでは答えとしてふさわしくない場合もありますので、質問に応じてふさわしい形に整えて答えてください。

イラストについての質問は、qu'est-ce que、qu'est-ce qui、combienといった疑問詞をふくむもの、あるいは時刻や天候を問うものなど、だいたいパターンがきまっています。描かれた人やものの位置関係、あるいは数などに注意するのはもちろんですが、名詞の性・数や、冠詞にも気を配ってください。

解 説

A

音　読

ふだんAgnèsは電動自転車で息子を幼稚園に連れていくが、きょうは自転車が故障したのでバスで行くという内容の文章です。第2文のMais aujourd'huiのところはリエゾンをしてもしなくてもかまいません。第3文のplusの語末のsは、一般に子音の前では発音しませんが、deやqueの前では発音することも多く、ここでは発音してもしなくてもかまいません。

質問と答え

音読した文章についての質問

Question 1 : D'habitude, comment Agnès amène-t-elle son fils à l'école maternelle ?「ふだん、Agnèsはどうやって息子を幼稚園に連れていきますか」という質問です。第1文を使い、Elle l'y amène en vélo électrique. と答えます。yは省略可能で、その場合はElle l'amène en vélo électrique. となります。électriqueはなくてもかまいません。en véloのかわりにà véloとも言えます。「幼稚園に」と「息子を」のどちらかを名詞のまま、Elle l'amène à l'école maternelle en vélo. またはElle y amène son fils en vélo. としてもかまいません。

Question 2 : Aujourd'hui, pourquoi Agnès et son fils ne prennent-ils pas leur vélo ?「きょう、どうしてAgnèsと息子は自転車に乗らないのですか」という質問です。第2文を使いますが、Pourquoiで尋ねられた疑問にはParce queを使って答えなけ

ればいけませんから、正解は Parce qu’il est tombé en panne. となります。tombé を省略し、Parce qu’il est en panne. としても問題ありません。

イラストについての質問

Question 3 : Combien de personnes y a-t-il ?「何人の人がいますか」という質問です。4人いますので、personnes の繰り返しを避けるために en を用いて、Il y en a quatre. とすれば正解です。en‿a はかならずリエゾンするので気をつけましょう。Il y a quatre personnes. としても正解です。

Question 4 : L’homme à droite, qu’est-ce qu’il fait ?「右側の男性は何をしていますか」という質問です。携帯電話で話しているので、Il parle au téléphone. または Il téléphone. が正解です。ほかに Il donne un coup de fil. や Il donne un coup de téléphone. とも言えますし、Il fait un appel téléphonique. と言うこともできます。

Question 5 : Qu’est-ce que le garçon porte sur la tête ?「少年は頭に何をかぶっていますか」という質問です。ひさしのある帽子をかぶっていますから、Il porte une casquette. が正解です。sur la tête は省略してもかまいません。動詞は porte のかわりに a を使うこともできます。なお、une casquette のかわりに un chapeau としてもけっこうです。

解答例　（　）内は省略可。[/] は / の左右どちらでも可。

Question 1 : Elle l’(y) amène [en / à] vélo (électrique).
Elle l’amène à l’école maternelle [en / à] vélo (électrique).
Elle (y) amène son fils [en / à] vélo (électrique).

Question 2 : Parce qu’il est (tombé) en panne.

Question 3 : Il y en‿a quatre. / Il y a quatre personnes.

Question 4 : Il parle au téléphone.
Il téléphone.
Il donne un coup de [fil / téléphone].
Il fait un appel téléphonique.

Question 5 : Il [porte / a] une casquette (sur la tête).
※ une casquette のかわりに un chapeau も可。

B

音　読

動物好きの Marine は大学で馬の研究をしたあと、世界中を旅行し、きょう、野生馬のいる日本の島へ向かうという内容の文章です。第 1 文の les‿animaux と son‿enfance はかならずリエゾンします。

質問と答え

音読した文章についての質問

Question 1 : Depuis quand est-ce que Marine aime les animaux ?「Marine はいつから動物が好きですか」という質問です。第 1 文を使い、Elle aime les animaux depuis son enfance.「彼女は幼年時代から動物が好きです」と答えます。代名詞を使って、Elle les aime depuis son enfance. とすることもできます。Depuis son enfance. だけでは、十分な答えとは言えませんので、注意してください。

Question 2 : Où est-ce que Marine va partir aujourd'hui ?「きょう、Marine はどこへ出かけますか」という質問です。第 3 文を使って、Aujourd'hui, elle va partir pour une île du Japon.「きょう、彼女は日本の島へ出かけます」が正解です。Aujourd'hui は省略できます。où il y a des chevaux sauvages「野生馬がいる」を付け加えてもかまいません。

イラストについての質問

Question 3 : Il y a combien d'oiseaux qui volent ?「飛んでいる鳥は何羽いますか」という質問です。3 羽いますので、oiseaux の繰り返しを避けるために en を用いて、Il y en‿a trois.「3 羽います」が正解です。en‿a はかならずリエゾンします。Il y a trois‿oiseaux. としてもかまいませんが、ここでもリエゾンが必要になります。

Question 4 : Comment ces gens vont-ils sur l’île ?「この人たちはどうやって島へ行きますか」という質問です。ボートに乗っているので、Ils‿y vont en bateau.「彼らはそこへボートに乗って行きます」が正解です。y は省略してもかまいませんし、sur l’île、sur cette île、または dans cette île と言うこともできます。なお、bateau のかわりに barque、canot、esquif としてもけっこうですが、navire や vaisseau は大型の船を指すので適切ではありません。

Question 5 : Quel temps fait-il ?「どんな天候ですか」という質問です。青空に太陽が見えていますから、Il fait beau.「よい天気です」が正解です。ほかに Il fait beau temps. や Il y a du soleil. も正解です。さらに Il fait soleil. も可能です。Le soleil brille.「太陽が輝いている」と答えることもできます。

解答例　（　　）内は省略可。[　/　] は / の左右どちらでも可。

Question 1 : Elle aime les‿animaux depuis son‿enfance.
Elle les‿aime depuis son‿enfance.

Question 2 : (Aujourd’hui,) elle va partir pour une île du Japon (où il y a des chevaux sauvages).

Question 3 : Il y en‿a trois. / Il y a trois‿oiseaux.

Question 4 : Ils (‿y) vont en bateau.
Ils vont [sur l’île / sur cette île / dans cette île] en bateau.
※ bateau のかわりに barque / canot / ‿esquif も可。
navire / vaisseau は不可。

Question 5 : Il fait [beau (temps) / soleil].
Il y a du soleil.
Le soleil brille.

2022年度秋季
実用フランス語技能検定試験
筆記試験問題冊子　〈準 2 級〉

問題冊子は試験開始の合図があるまで開いてはいけません。

筆記試験	10 時 00 分 ～ 11 時 15 分 (休憩 20 分)
書き取り 聞き取り 試験	11 時 35 分から約 25 分間

◇**筆記試験と書き取り・聞き取り試験の双方を受験しないと欠席になります。**

◇問題冊子は表紙を含め 12 ページ、全部で 7 問題です。

注　意　事　項

1　途中退出はいっさい認めません。

2　筆記用具は **HB または B の黒鉛筆** (シャープペンシルも可) を用いてください。ボールペンや万年筆等でマークした解答は機械による読み取りの対象とならないため、採点されません。

3　解答用紙の所定欄に、**受験番号**と**カナ氏名**が印刷されていますから、まちがいがないか、**確認**してください。

4　**マーク式の解答は、解答用紙の解答欄にマークしてください。**たとえば、1 の (1) に対して ③ と解答する場合は、次の例のように解答欄の ③ にマークしてください。

例　1

解答番号	解　答　欄
(1)	① ② ● ④ ⑤ ⑥

5　記述式の解答の場合、正しく判読できない文字で書かれたものは採点の対象となりません。

6　解答に関係のないことを書いた答案は無効にすることがあります。

7　解答用紙を折り曲げたり、破ったり、汚したりしないように注意してください。

8　問題内容に関する質問はいっさい受けつけません。

9　不正行為者はただちに退場、それ以降および来季以後の受験資格を失うことになります。

10　**携帯電話等の電子機器の電源はかならず切って、かばん等にしまってください。**通信機能のある時計は使用を禁じます。

11　**時計のアラームは使用しないでください。**

12　この試験問題の複製 (コピー) を禁じます。また、この試験問題の一部または全部を当協会の許可なく他に伝えたり、漏えいしたりすることを禁じます (インターネットや携帯サイト等に掲載することも含みます)。

1　次の (1) ～ (4) の (　　) 内に入れるのにもっとも適切なものを、下の ① ～ ⑥ のなかから 1 つずつ選び、解答欄のその番号にマークしてください。ただし、同じものを複数回用いることはできません。(配点　8)

(1) Ces vêtements sont faciles (　　) laver.

(2) Cette chanson est très populaire (　　) les jeunes.

(3) Elle travaille tous les jours (　　) sa maladie.

(4) Émilie s'habille toujours (　　) noir.

① à　　② en　　③ malgré
④ par　　⑤ parmi　　⑥ sous

(解説・解答 ▶ p.202)

2

次のフランス語の文 (1) ～ (5) が、それぞれあたえられた日本語の文が表わす意味になるように、(　　) 内に入れるのにもっとも適切な語 (各 1 語) を、**示されている最初の文字とともに、**解答欄に書いてください。(配点　10)

(1)　(A　　) vous, je vous en prie.
　お先にどうぞ。

(2)　Ça n'a aucune (i　　).
　それはたいしたことではありません。

(3)　Ça (s　　) !
　もうたくさんだ。

(4)　En tout (c　　), je suis très occupé aujourd'hui.
　いずれにしても、きょうはとても忙しい。

(5)　Qu'est-ce qui est (a　　) ?
　何があったのですか。

(解説・解答 ▶ p.203)

3　次の (1) ～ (5) について、**A**、**B** がほぼ同じ意味になるように、(　　) 内に入れるのにもっとも適切なものを、下の語群から 1 つずつ選び、必要な形にして解答欄に書いてください。ただし、同じものを複数回用いることはできません。(配点　10)

(1) **A** À cette époque, leur vie était tranquille.
　B À cette époque, ils (　　) tranquillement.

(2) **A** Ces exercices te rendront plus mince.
　B Si tu fais ces exercices, tu (　　) du poids.

(3) **A** Cet enfant doit garder le lit toute la journée.
　B Il est nécessaire que cet enfant (　　) au lit toute la journée.

(4) **A** Hier, la direction n'a pas accepté votre projet.
　B Votre projet (　　) par la direction hier.

(5) **A** Vous me ramènerez ce livre dans une semaine.
　B (　　)-moi ce livre dans une semaine.

découvrir	perdre	prendre	refuser
remettre	rester	vivre	

(解説・解答 ▶ p.205)

4

次の対話 (1) ～ (5) の (　　) 内に入れるのにもっとも適切なものを、下の ① ～ ⑦ のなかから 1 つずつ選び、解答欄のその番号にマークしてください。ただし、同じものを複数回用いることはできません。なお、① ～ ⑦ では、文頭にくるものも小文字にしてあります。(配点　10)

(1) — Cet ordinateur est léger et bon marché.
— C'est exactement (　　) dont j'avais envie.

(2) — Je voudrais connaître leur avis.
— C'est toujours intéressant d'écouter les (　　).

(3) — Voilà les romans que tu dois lire avant la fin de l'année.
— (　　) je dois lire en premier ?

(4) — Vous avez vu des gens dans la rue ?
— Non, il n'y avait (　　).

(5) — Vous me conseillez quel dictionnaire ?
— Nous recommandons celui-ci à (　　) qui commencent à apprendre l'anglais.

① autres	② ce	③ ceux	④ lequel
⑤ personne	⑥ quelqu'un	⑦ rien	

(解説・解答 ▶ p.207)

5 次の文章を読み、(1)～(5)に入れるのにもっとも適切なものを、それぞれ右のページの ① ～ ③ のなかから1つずつ選び、解答欄のその番号にマークしてください。(配点 10)

Monsieur Willems habite dans une maison au bord d'une route à Lokeren en Belgique. Jusqu'au mois dernier, il (1) grand bruit causé par les nombreuses voitures qui roulaient trop vite sur cette route. Comme la police n'agissait pas, cet habitant de 55 ans a décidé d'arranger les choses tout seul. (2) monsieur Willems a construit un faux radar* et l'a installé devant sa maison. « Je l'ai fabriqué à partir d'images que j'ai trouvées sur Internet », explique-t-il. Comme son faux radar ressemble parfaitement à un vrai, les conducteurs** (3) leur vitesse quand ils le voient. Monsieur Willems est ravi de ce résultat.

Puisqu'il a posé cette imitation*** dans son jardin et non sur la route, il ne risque rien. (4), la police semble même aimer cette idée. « Si ce faux radar permet que les gens roulent moins vite, nous (5) », a déclaré le chef de la police.

* radar : レーダー
** conducteur : 運転手
*** imitation : 複製

(1) ① n'était pas intéressé par le
② se moquait du
③ se plaignait beaucoup du

(2) ① C'est ainsi que
② C'est parce que
③ Pourtant

(3) ① augmentent
② diminuent
③ gardent

(4) ① Au contraire
② Cependant
③ Malheureusement

(5) ① arrêtons le monsieur
② interdisons ce radar
③ n'avons rien à dire

（解説・解答 ▶ p.209）

6　次の文章を読み、右のページの (1) ～ (6) について、文章の内容に一致する場合は解答欄の ① に、一致しない場合は ② にマークしてください。(配点　12)

À l'époque des smartphones, on pourrait penser que les montres vont disparaître, mais la réalité est différente. Selon un journal suisse, les gens achètent toujours des montres, surtout de luxe*.

Jean-Luc en fabrique dans un petit village près de Genève. Il s'est installé dans ce village entouré de montagnes il y a dix ans et depuis il y travaille dans son atelier. Il a choisi cet endroit parce qu'il peut y profiter d'un air pur et d'une eau fraîche, deux éléments nécessaires pour faire des montres dans les meilleures conditions.

Ce qui est étonnant dans ses montres, c'est que Jean-Luc fabrique lui-même la plupart des 500 pièces qui les composent**. C'est pour cela qu'il ne peut pas produire plus de trois montres par mois. Bien sûr, celles-ci coûtent très cher, mais il ne gagne pas beaucoup, juste assez pour vivre et continuer son métier. Et pourtant, il est content de sa vie et ne veut pas changer de façon de travailler. Pour Jean-Luc, une montre n'est pas un simple appareil qui donne l'heure. C'est une véritable œuvre d'art.

* de luxe : 豪華な

** composer : 構成する

(1) Selon un journal suisse, les smartphones vont bientôt remplacer les montres.

(2) Ça fait dix ans que Jean-Luc travaille dans un village près de Genève.

(3) Jean-Luc a besoin d'un air pur et d'une eau fraîche pour bien travailler.

(4) Les montres de Jean-Luc sont composées de plus de 1 000 pièces.

(5) Pour gagner plus d'argent, Jean-Luc est prêt à changer de vie.

(6) Pour Jean-Luc, le seul intérêt des montres est d'indiquer l'heure.

（解説・解答 ▶ p.212）

7　次の会話を読み、(1) ～ (5) に入れるのにもっとも適切なものを、それぞれ右のページの ① ～ ③ のなかから 1 つずつ選び、解答欄のその番号にマークしてください。(配点 10)

Antoine : Vincent, j'ai reçu hier une lettre qui me demande une chose un peu étrange.

Vincent : (1) ?

Antoine : On veut acheter le terrain sous ma maison pour y faire passer un nouveau métro.

Vincent : Ah bon ? Je ne savais pas qu'on était aussi propriétaire du sous-sol* de son terrain.

Antoine : Moi (2), ça m'a donc beaucoup étonné. Le métro passera dans le tunnel à plus de 18 mètres de profondeur**.

Vincent : Alors tu vas devenir riche (3) cette vente*** ?

Antoine : Pas du tout. Je ne recevrai que 50 euros environ.

Vincent : (4), c'est vrai que c'est peu. Mais tu n'as pas peur d'être dérangé par ces travaux ?

Antoine : On m'a dit qu'il n'y aurait pas de problème. Mais je suis assez inquiet.

Vincent : (5). Je ne voudrais pas être à ta place.

* sous-sol : 地下
** profondeur : 深さ
*** vente : 売却

(1) ① Pourquoi pas
② Qu'est-ce qu'il y a
③ Tu trouves

(2) ① aussi
② non plus
③ si

(3) ① au lieu de
② grâce à
③ hors de

(4) ① Ça y est
② C'est dommage
③ Pas mal

(5) ① C'est bizarre
② Je comprends
③ Ne dis pas ça

(解説・解答 ▶ p.214)

2022年度秋季
実用フランス語技能検定試験
聞き取り試験問題冊子　〈準 2 級〉

書き取り・聞き取り試験時間は、
11 時 35 分 から 約 25 分 間

先に書き取り試験をおこないます。解答用紙表面の書き取り試験注意事項をよく読んでください。書き取り試験解答欄は裏面にあります。

この冊子は指示があるまで開かないでください。

◇**筆記試験と書き取り・聞き取り試験の双方を受験しないと欠席になります。**

◇問題冊子は表紙を含め 4 ページ、全部で 2 問題です。

書き取り・聞き取り試験注意事項

1　途中退出はいっさい認めません。

2　書き取り・聞き取り試験は、CD・テープでおこないます。

3　解答用紙の所定欄に、**受験番号**と**カナ氏名**が印刷されていますから、まちがいがないか、**確認**してください。

4　CD・テープの指示にしたがい、中を開いて、日本語の説明をよく読んでください。フランス語で書かれた部分にも目を通しておいてください。

5　解答はすべて別紙の書き取り・聞き取り試験解答用紙の解答欄に、**HB または B の黒鉛筆**（シャープペンシルも可）で記入またはマークしてください。ボールペンや万年筆等でマークした解答は機械による読み取りの対象とならないため、採点されません。

6　問題内容に関する質問はいっさい受けつけません。

7　**携帯電話等の電子機器の電源はかならず切って、かばん等にしまってください。**通信機能のある時計は使用を禁じます。

8　**時計のアラームは使用しないでください。**

9　この試験問題の複製（コピー）を禁じます。また、この試験問題の一部または全部を当協会の許可なく他に伝えたり、漏えいしたりすることを禁じます（インターネットや携帯サイト等に掲載することも含みます）。

書き取り・聞き取り試験

書き取り試験

注意事項

フランス語の文章を、次の要領で4回読みます。全文を書き取ってください。

- 1回目、2回目は、ふつうの速さで全文を読みます。内容をよく理解するようにしてください。
- 3回目は、ポーズをおきますから、その間に書き取ってください（句読点も読みます）。
- 最後に、もう1回ふつうの速さで全文を読みます。
- 読み終わってから2分後に、聞き取り試験にうつります。
- 数を書く場合は、算用数字で書いてかまいません。（配点　12）

［ 音声を聞く順番 ］ ㉖→㉖→㉗→㉖

（解説・解答 ▶ p.217）

聞き取り試験

1

- まず、同じ大学に通うJadeとGabrielの会話を聞いてください。
- つづいて、それについての5つの質問を読みます。
- もう1回、会話を聞いてください。
- もう1回、5つの質問を読みます。1問ごとにポーズをおきますから、その間に、答えを解答用紙の解答欄にフランス語で書いてください。
- それぞれの（　　）内に1語入ります。
- 答えを書く時間は、1問につき10秒です。
- 最後に、もう1回会話を聞いてください。
- 数を記入する場合は、算用数字で書いてください。

（メモは自由にとってかまいません）（配点　8）

［ 音声を聞く順番 ］ ㉘→㉙→㉘→㉚→㉘

(1) Il en a trouvé un (　　) dernier.

(2) C'est une société (　　) qui vend du fromage et du jambon français en (　　) du Nord.

(3) Oui. Elle a une centaine de (　　) et plus de (　　) employés dans le monde.

(4) Il commence à travailler le (　　) novembre.

(5) Il va lire des livres sur l'(　　) internationale pour bien connaître le (　　).

(解説・解答 ▶ p.219)

2

- まず、Sébastien の話を2回聞いてください。
- 次に、その内容について述べた文 (1) ～ (10) を2回通して読みます。それぞれの文が話の内容に一致する場合は解答欄の ① に、一致しない場合は ② にマークしてください。
- 最後に、もう1回 Sébastien の話を聞いてください。
  （メモは自由にとってかまいません）（配点　10）

［音声を聞く順番］ ㉛ → ㉛ → ㉜ → ㉜ → ㉛

(解説・解答 ▶ p.222)

2　次　試　験

試験方法

○ 2 次試験は個人面接です。(面接時間：約 5 分)
○係員の指示で、ひとりずつ面接室に入ります。
○入室したら面接委員が着席するよう日本語で指示します。
○着席すると、面接委員が受験者の名前と受験級を日本語で確認します。
○次に面接委員が、フランス語の文とイラストがある「問題カード」をわたし、黙読するように指示します。黙読の時間は 1 分間です。このとき、イラストもよく見ておいてください。
○黙読が終わると、次に音読するように指示されます。よく聞こえるように読んでください。
○音読が終わると、面接委員が「問題カード」の文の内容およびイラストに関してフランス語で 5 つの質問をしますから、フランス語で答えてください。答える際に「問題カード」を見てもかまいません。
○質問が終わると、面接委員がその旨を告げますから、「問題カード」を面接委員にかえして退室します。

＊注意＊　試験入室前に携帯電話等の電子機器の電源を切ってください。

2022年度秋季実用フランス語技能検定試験　準2級2次試験

問題カードA

㉝

Mon fils Julien adore les trains. Le dimanche il se lève très tôt, parce qu’il va à la gare. Il y reste toute la journée. Il rêve de travailler dans les chemins de fer quand il sera grand.

問題カードA

A （2022 年度秋季）

㉞

Question 1 : Pourquoi est-ce que Julien se lève très tôt le dimanche ?

Question 2 : Qu'est-ce que Julien rêve de faire quand il sera grand ?

Question 3 : Le garçon à gauche, qu'est-ce qu'il fait ?

Question 4 : Quelle heure est-il ?

Question 5 : Qu'est-ce qu'il y a dans le ciel ?

（解説・解答例 ▶ p.228）

2022年度秋季実用フランス語技能検定試験　準2級2次試験

問題カードB

㉟

Léna va faire du théâtre avec sa classe au collège. Elle va jouer un roi. Pour ce rôle, sa mère lui prête sa robe rouge. Son oncle l'aide à faire le manteau du roi, avec un vieux rideau.

問題カードB

B （2022 年度秋季）

㊱

Question 1：Avec qui Léna va faire du théâtre ?

Question 2：La robe de sa mère est de quelle couleur ?

Question 3：Vous voyez combien de cadeaux sous l'arbre de Noël ?

Question 4：Le garçon à gauche, qu'est-ce qu'il fait ?

Question 5：Qu'est-ce qu'il y a à côté du garçon ?

（解説・解答例 ▶ p.230）

2022年度秋季準2級

2022年度秋季の準2級出願者数は、1次試験免除者数55名を合わせて1289名、実受験者数は1084名でした。1次試験の平均点は59点（満点100点)、合格基準点は55点、合格者は636名、合格率は58.7%でした。前年度秋季と比較すると、平均点は1点上がり、合格基準点は同じでした。

2次試験の受験者は、1次試験免除者55名をふくめた661名で、合格基準点は16点（満点30点)、合格者数は579名、最終合格率は52.2%でした。

出題内容のあらまし

1 次［筆記］

1 前置詞（穴うめ・選択）
2 フランス語文の完成（和訳つき／穴うめ・記述）
3 フランス語文の完成（動詞を選択活用／穴うめ・記述）
4 対話文完成（穴うめ・選択）
5 長文完成（偽《にせ》の速度レーダー／穴うめ・選択）
6 長文読解（高級腕時計を作る職人／内容一致・選択）
7 会話文完成（自宅の真下に地下鉄／穴うめ・選択）

［書き取り］（聞き取りと合わせて約 25 分）
平易な短い文章の書き取り（旧友とばったり会って）

［聞き取り］

1 会話文の聞き取り（就職先について／仏問仏答完成／穴うめ・記述）
2 長文聞き取り（お茶のバイヤー／内容一致・選択）

2 次［面接］

個人面接方式。面接委員の指示にしたがって、フランス語の文章を音読し、フランス語の質問にフランス語で答える。試験時間は約 5 分。

1 次 試 験

筆記試験

解説・解答

1 **解説** フランス語の文の（　）内に入れるのにもっとも適切な前置詞を6つの選択肢から選ぶ問題です。問題数は4、配点は各問2点、合計8点です。

以下、正答を入れたフランス語の文に日本語訳を添えて解説していきます。

(**1**) Ces vêtements sont faciles (à) laver.「これらの服は洗うのが簡単だ」。〈 facile à ＋不定詞〉「～するのが容易な」という表現が使われています。〈 difficile à ＋不定詞〉「～するのがむずかしい」と対にして覚えましょう。形容詞と不定詞を組み合わせる場合、〈形容詞＋ à ＋不定詞〉なのか〈形容詞＋ de ＋不定詞〉なのか、用法を確認して区別する必要があります。得点率は4問中もっとも高く、78%でした。

(**2**) Cette chanson est très populaire (parmi) les jeunes.「この歌は若者たちの間でとても人気があります」。parmi は「3つ（3人）以上の～の間で」を表わす前置詞です。得点率は4問中もっとも低く、68%でした。

(**3**) Elle travaille tous les jours (malgré) sa maladie.「彼女は病気にもかかわらず毎日働いている」。内容と論理にかんがみて、「毎日働いている」と「病気」をつなぐのは、malgré「～にもかかわらず」です。得点率は72%でした。

(**4**) Émilie s'habille toujours (en) noir.「エミリーはいつも黒い服を着る」。一般に〈 en ＋色名〉で「～色に、～色で」を表わしますが、とくに〈 s'habiller en ＋色名〉では「～色の服を着る」という意味になります。得点率は71%でした。

全4問の平均得点率は72％で、2022年度春季とくらべると5ポイントあまり上がり、久々に70％台に乗せました。前置詞は数が限られているので、過去問を参考にして、準2級で出題されうる前置詞を1度網羅的に確認しておくとよいでしょう。

解答　(1) ①　　(2) ⑤　　(3) ③　　(4) ②

2　**解説**　下に示された日本語に対応させる形で、フランス語の文に欠落している語をおぎなう記述式の問題です。問題数は5、配点は各問2点、合計10点です。

以下、正答を入れたフランス語の文に日本語訳を添えて解説していきます。

(1)　(Après) vous, je vous en prie.「お先にどうぞ」。je vous en prie が「どうぞ」にあたりますが、Après vous. だけでも慣用表現として成立します。直訳すれば「あなたのあとで」になります。要するに、「私はあなたのあとにつづきますので、あなたがお先にどうぞ」ということです。誤答としてもっとも多かったのは、アクサン記号の種類をまちがえた *Aprés* でした。慣用表現としては準2級レベルですが、après 自体は5級から出てくるごく基本的な前置詞ですので、この種のつづりのまちがいは絶対に避けたいところです。ついで多かった誤答例として *Avant* がありましたが、これでは「私があなたの前、あなたは私のあと」となり、逆の意味になってしまいます。ほかには、*Allez*、*Avancez*、*Asseyez* など、動詞の命令形を入れてしまった誤答が散見しました。得点率は5問中もっとも高く、68％でした。

(2)　Ça n'a aucune (importance).「それはたいしたことではありません」。まず、空欄の直前に aucune があることから、女性名詞が入ることがわかり、さらに、否定文であることから、「たいしたこと」を意味する語が入ることがわかります。正解は importance「重要さ、重要性」です。直訳すれば、「それはいかなる重要性ももっていない」となります。*important*、*importante* という惜しい誤答もありましたが、いずれも形容詞ですので、ここでは不適切です。*idée* と書いた誤答も見うけられましたが、これではあたえられた日本語の文と意味がずれますし、ふつうは Je n'en ai aucune idée.「（それについては）さっぱり見当がつかない、なにも思い浮かばない」という言い方をします。得点率は5問中もっとも低く、12%でした。

(3) Ça (suffit) !「もうたくさんだ」。これもやはり慣用表現です。動詞 suffire は「足りる、十分である」を表わしますので、ひるがえって「もうこれ以上はいらない、だからもうやめてくれ」の意味になります。非人称構文〈il suffit de +不定詞/名詞〉「〜(すること) で十分である」と合わせて覚えましょう。誤答例としては、*sous*、*sûr*、*surtout*、*souvent* などがありました。得点率は46%でした。

(4) En tout (cas), je suis très occupé aujourd'hui.「いずれにしても、きょうはとても忙しい」。「場合、ケース」を意味する cas を用いた定形表現です。dans tous les cas でも同じ意味です。誤答例として、おそらく英語にひきずられてしまった *case* がめだちました。ほかにも、*cela*、*coup*、*chose*、*car*、*contraire*、*choix*、*chance* などさまざまな誤答がありましたが、いずれも苦しまぎれの感は否めません。得点率は49%でした。

(5) Qu'est-ce qui est (arrivé) ?「何があったのですか」。arriver には「着く」のほかに「(ものごとが) 起きる、発生する」という意味もあります。空欄の直前に est がありますので、過去分詞にして複合過去を作ります。複合過去で助動詞に être を用いる場合、過去分詞は主語と性・数一致させる必要がありますが、Qu'est-ce qui... ? の場合は男性・単数にします。現在形の *arrive* にしてしまった誤答がめだちましたが、活用した動詞が et などの接続詞もなく直接2つならぶということは基本的にありません。得点率は55%でした。

全5問の平均得点率は46%で、2022年度春季とくらべて7ポイント上がりましたが、それでもまだ50%を割り込んでいます。とくにアクサン記号のあるなしもしくは種類で正否がわかれます。たかがアクサン、とは思わずに、しっかりつづれるようにしておきましょう。

解答 (1) Après (2) importance (3) suffit (4) cas (5) arrivé

3 **解説** 提示されたフランス語文とほぼ同じ意味になるフランス語文を完成させる問題です。完成させるべき文の空欄に、下にあたえられた7つの動詞から適合するものをひとつ選び、法や時制も考慮して、適切な形に変化させます。記述式の問題で、問題数は5、配点は各問2点、合計10点です。

Aの文に日本語訳を付したうえで解説していきます。

(1) **A** À cette époque, leur vie était tranquille.「当時、彼らの生活は平穏だった」。**B**の主語はilsで、**A**にあった形容詞tranquilleが副詞tranquillementになっています。ですので、名詞vieに対応する動詞vivreを選択し、**A**と同じ半過去にすれば正解です。全体では、À cette époque, ils (vivaient) tranquillement.「当時、彼らは平穏に生活していた」となります。誤答例として、動詞の選択ミスは少なかったものの、法・時制をまちがえた*vivraient*、*vivent*、*ont vécu*、さらに人称や活用があやふやな*vivrient*、*vivrait*、*vivient*などがありました。文脈にもよりますが、半過去を選ぶ基準として、à cette époqueなどの状況補語にも注意する必要があります。得点率は35%でした。

(2) **A** Ces exercices te rendront plus mince.「これらの運動は君をより細くするだろう」。**A**は単文ですが、**B**は従属節と主節からなる複文です。従属節は「もし君がこれらの運動をするなら」という条件であり、主節はその帰結（の予想）と考えられます。**A**の内容にかんがみて、「君は体重が減る（体重を失う）だろう」となるはずですので、正解は、Si tu fais ces exercices, tu (perdras) du poids. となります。時制はやはり**A**に合わせて単純未来にします。この場合条件を表わす従属節はふつう現在形になります。誤答例として多かったのは条件法・現在の*perdrais*ですが、これだと非現実の仮定を表わすことになり、従属節もSi tu faisais ces exercices, と半過去にしなければなりません。prendreを選んで*prend*、*prends*、*prendra*などとしたものもありましたが、prendre du poidsは「体重が増える」ですので、逆の意味になります。得点率は30%でした。

(3) **A** Cet enfant doit garder le lit toute la journée.「この子どもは1日じゅうベッドに寝ていなければならない」。garder le litは「（病床に）伏せっている、寝たきりである」を意味する熟語です。**B**はau litとなっていますので、空欄には「とどまる、いつづける」を表わす自動詞が入るはずです。また、〈il est nécessaire que ＋接続法〉「〜でなければならない、〜である必要がある」という非人称構文になっていますので、動詞 rester を選び、それを接続法・現在に活用させて、Il est nécessaire que cet enfant (reste) au lit toute la journée.「この子どもは1日じゅうベッドにいなければならない」とすれば正解です。garder le lit という熟語がややむずかしかったためか、誤答例として、*prend*、*prenne*、*remet*、*remette* など、動詞の選択からまちがっているものがめだちました。得点率は5問中もっとも高く、51％と唯一かろうじて50％以上をマークしました。ただしこの得点率は、rester が第1群規則動詞で、3人称・単数では直説法・現在とたまたま同形になるということも影響していると考えられます。準2級レベルでは、基本動詞の接続法・現在の活用もしっかりおさえておく必要があります。

(4)　**A**　Hier, la direction n'a pas accepté votre projet.「きのう執行部はあなたの計画を受け入れなかった」。**A** は否定文ですが、**B** は肯定文で、**A** で直接目的補語だった votre projet が主語の位置に、主語だった la direction が par のあとにきています。それゆえ、accepter「受け入れる」の反意語 refuser「拒否する」を選択して受け身にし、時制は **A** と同じ複合過去にすればよいとわかります。正解は、Votre projet (a été refusé) par la direction hier.「あなたの計画はきのう執行部によって拒否された」です。受け身の部分の過去分詞 refusé は男性・単数の主語 Votre projet に性・数一致しています。受け身にしていない *a refusé*、*refusait* や、複合過去にしていない *est refusé*、*était refusé*、*était refusé* などの誤答が散見しました。得点率は、複合過去と受動態の組み合わせだったためか、5問中もっとも低く、28％でした。あまり頻度は高くありませんが、能動態を受動態に（あるいはその逆に）する問題も出ることがありますので、可能性として念頭に置いておきましょう。

(5)　**A**　Vous me ramènerez ce livre dans une semaine.「この本を1週間後に私に返しにきてください」。まず、2人称に対する単純未来は軽い命令を表わすということを確認しておきましょう。**B** は動詞で始まることになりますので、vous に対する命令文になります。空欄直後の -moi は、間接目的補語 me が倒置され、強勢形になったものです。**A** とほぼ同じ意味になるのは、

remettre を vous に対する命令形にした (Remettez)-moi ce livre dans une semaine.「この本を1週間後に私に返してください」で、これが正解です。この問題も動詞の選択自体がむずかしかったようで、*Prenez*、*Restez*、*Découvrez* をはじめとしてさまざまなまちがいが見うけられました。得点率は32%でした。

全5問の平均得点率は35%で、低調だった2022年度春季から8ポイント回復しました。もともとこの問題は30%から40%の間を推移しているのですが、せめて40%台、つまり5問のうち少なくとも2問は確実に取れるようにしておきたいところです。動詞は文の構造をきめるもっとも重要な要素です。辞書で不定詞の意味を調べるだけでなく、活用と用法をしっかり身につけて、正確に書けるようにしておきましょう。

解答　(1) vivaient　(2) perdras　(3) reste
(4) a été refusé　(5) Remettez

4　**解説**　対話文の空欄に入るもっとも適切な疑問代名詞、関係代名詞、不定代名詞、疑問形容詞、不定形容詞などを、下の7つの選択肢から選ぶ問題です。問題数は5、配点は各問2点、合計10点です。

空欄をおぎなう形で日本語訳を付しながら、解説していきます。

(1)　Cet ordinateur est léger et bon marché.「このコンピューターは軽くて安いです」と店員が客にコンピューターを勧めている場面を想像するとわかりやすいでしょうか。店員の勧めに対して客は、C'est exactement (　　) dont j'avais envie.「それはまさに私が欲しかった（　　）です」と言っています。空欄には関係代名詞 dont の先行詞にあたるものがくるはずです。ここで話題になっているのは男性・単数のものである ordinateur です。選択肢を見ると、④ lequel は男性・単数ですが、基本的に疑問代名詞か、それ自体関係代名詞としての用法しかありませんので、ここにはあてはまりません。正解は② ce です。中性の指示代名詞 ce にはいろいろな用法がありますが、そのうちの1つとして、関係代名詞の先行詞となり、「～であるもの／こと」を表わします。具体的には、ce qui..., ce que..., ce dont..., 〈ce＋前置詞＋quoi〉などの形になります。ちなみに、この場合関係代名詞が dont になっているのは、〈 avoir envie de ＋名詞／不定詞 〉「～が欲しい、～したい」という熟語が用いられており、前置詞 de がふくまれているためです。得点率は 43％でした。

(2) Je voudrais connaître leur avis.「彼らの意見を知りたいです」と言っているのに対して、C'est toujours intéressant d'écouter les (　　　).「(　　)を聞くのはつねに興味深いものです」と応じています。空欄には、écouter の直接目的補語で、人を表わす 1 語が入るはずです。直前に定冠詞の複数 les がありますので、単数の⑤ personne、⑥ quelqu'un は不可となります。指示代名詞の③ ceux は複数ではありますが、定冠詞と組み合わせることはできません。結局すべての条件を満たすのは① autres だけです。「ほかの人たち」の話を聞くのはためになる、というわけです。得点率は 5 問中もっとも高く、77％でした。

(3) Voilà les romans que tu dois lire avant la fin de l'année.「君が年末までに読むべき小説だよ」と何冊かの必読書を提示しています。相手は勧められた小説を一応全部読むつもりのようで、(　　　) je dois lire en premier ?「(　　)を最初に読むべき？」と質問の形で応答しています。「最初に」とありますので、提示された複数の小説のうち、「どれ、どの 1 冊」を読むべきか尋ねていると考えるのが自然です。roman に対応する男性・単数の疑問代名詞は、選択肢のなかでは④ lequel しかありません。これが正解です。得点率は 60％でした。

(4) Vous avez vu des gens dans la rue ?「通りで人々を見ましたか？」という質問に、Non, il n'y avait (　　　).「いいえ、(　　)いませんでした」と答えています。否定文に pas がないので、否定のバリエーションのいずれかということがわかります。⑤ personne と⑦ rien が候補になりますが、人を表わす⑤ personne が正解です。通りには「だれもいなかった」ということです。得点率は 69％でした。

(5) Vous me conseillez quel dictionnaire ?「私にどの辞書を推奨しますか」と、これも店員と客のやりとりのようですが、今度はまず客が質問しています。店員は、Nous recommandons celui-ci à (　　　) qui commencent à

apprendre l'anglais.「私どもは、英語を学び始める（　　）にこちらを推薦しております」と返答しています。形式から考えてみると、主語となる関係代名詞 qui に対応する動詞は commencent ですので、空欄に入る先行詞は複数であることがわかります。これだけで候補は① autres と③ ceux の 2 つにしぼられます。次に内容から考えると、① autres を選んで「英語を学び始めるほかの人々」としても意味がとおりませんし、そもそもなにかしら冠詞類が必要です。よって正解は③ ceux です。celui qui..., ceux qui は、とくに指示代名詞で具体的に示されるものがなくても、不特定の人（「～である人」、「～である人々」）を表わします。得点率は 5 問中もっとも低く、28%でした。形式的に攻めれば 2 択の問題であっただけに、もう少しできてもよかったところです。

全 5 問の平均得点率は 55%で、2022 年度春季とくらべると 9 ポイントほど下がりました。とくに(5)の不出来が足を引っ張った形です。代名詞にかんして、準 2 級ではかなり複雑・難解な問題が出ますが、一見してわからないからといってあてずっぽうで答えるのではなく、ひとつひとつの語の機能について順番に考えればかならず正解をみちびくことができます。

解答　(1) ②　(2) ①　(3) ④　(4) ⑤　(5) ③

5　**解説**　長文中の空欄に入れるのにもっとも適切な語句を、それぞれ 3 つの選択肢のなかから選ぶ問題です。問題数は 5、配点は各問 2 点、合計 10 点です。

今回は「偽《にせ》の速度レーダー」がテーマです。解答のためにおさえるべき要点について、文脈をたどりながら、順に解説していきます。

第 1 段落の第 1 文で、Monsieur Willems habite dans une maison au bord d'une route à Lokeren en Belgique.「Willems 氏はベルギーの Lokeren で道路沿いの家に住んでいる」と、話の主人公が紹介されます。第 2 文では、Jusqu'au mois dernier, il (　1　) grand bruit causé par les nombreuses voitures qui roulaient trop vite sur cette route.「先月まで、彼はこの道路を超過速度で走る多くの車によって発せられる大きな騒音（　1　）」と、話題の背景が提示され、最初の問いが出てきます。ここまででもあらかたの予想

はつきますが、確実な解答のために第 3 文を見ておくと、Comme la police n’agissait pas, cet habitant de 55 ans a décidé d’arranger les choses tout seul.「警察は動いてくれないので、55 歳のこの住人はひとりで手はずを整えることをきめた」とあります。家の前を走る自動車の騒音にかんして、警察に頼らず自分でなんとかしようとしているくらいですので、① n’était pas intéressé par le「～に興味がなかった」、② se moquait du「～を気にかけなかった」わけではないはずです。③ se plaignait beaucoup du「～に憤慨《ふんがい》していた」が正解です。2 つの代名動詞の熟語、se moquer de...「～をばかにする、気にかけない」、se plaindre de...「～について不満をもらす、(苦痛) を訴える」を確認しておきましょう。得点率は 49%でした。

第 4 文は、(　2　) monsieur Willems a construit un faux radar et l’a installé devant sa maison.「(　2　) Willem 氏は偽のレーダーを建造し、それを自宅の前に設置した」です。第 3 文とのつながりを考えると、第 4 文では第 3 文で言われている事柄の具体的な内容が示されています。選択肢 ① C’est ainsi que「こうして」は ainsi の強調構文になっています。これは、前文で述べた事柄について具体例をあげて説明する際に用いられることがあり、しばしば par exemple と書きかえが可能です。これが正解となります。② C’est parce que「それはなぜかというと」は、これの前の文が結果・帰結、あとの文がその原因・理由を表わします。③ Pourtant「それにもかかわらず」は、前の文とあとの文の内容が対立していることを表わします。いずれもここでは前後の文脈にあてはまりません。この問題の得点率は 50%でした。

第 5 文は Willem 氏が直接話法で語っています。« Je l’ai fabriqué à partir d’images que j’ai trouvées sur Internet », explique-t-il.「『私はインターネットで見つけた画像をもとにそれを作りました』と彼は説明している」。つぎの第 6 文に空欄があります。Comme son faux radar ressemble parfaitement à un vrai, les conducteurs (　3　) leur vitesse quand ils le voient.「彼の偽レーダーは本物そっくりなので、車を運転する人たちはそれを見ると速度を (　3　)」。第 7 文に Monsieur Willems est ravi de ce résultat.「Willem 氏はこの結果にご満悦である」とありますので、車を運転する人たちは速度を ① augmentent「上げる (増す)」のでも、③ gardent「維持する」のでもなく、② diminuent「落とす (減らす)」のです。正解は②です。得点率は 70%でした。

第 2 段落第 1 文には、Puisqu'il a posé cette imitation dans son jardin et non sur la route, il ne risque rien.「この複製を道路ではなく自分の庭に置いたからには、彼はなんのリスクも冒していない」とあります。つづく第 2 文の冒頭が空欄になっています。(　4　), la police semble même aimer cette idée.「(　4　)、警察はこのアイデアを好ましいとさえ思っているようだ」。選択肢① Au contraire「反対に、それどころか」と② Cependant「しかしながら」は、たしかに意味的に似ているように見えますが、微妙なちがいがあります。これは文脈で判断するしかありませんが、Willem 氏は自分の敷地内に偽レーダーを設置している以上、法には触れておらず、したがって警察の厄介になることはない、それどころか警察は彼のアイデアを好ましいとさえ思っている、という流れのほうがより自然です。cependant は制限や対立のニュアンスが強く、Willem 氏が法に触れるリスクを冒していないことと、警察が偽レーダーをむしろ歓迎していることをつなぐには、若干違和感があります。③ Malheureusement「残念ながら」は明らかに文脈にあてはまりません。正解は①です。得点率は 5 問中もっとも低く、33%でした。3 択問題としては異例の低さです。

末尾の第 3 文は警察署長が直接話法で語っています。« Si ce faux radar permet que les gens roulent moins vite, nous (　5　) », a déclaré le chef de la police.「『もしこの偽レーダーのおかげで人々が速度を落として運転しているのならば、私たちは (　5　)』と警察署長は表明した」。選択肢は、① arrêtons le monsieur「その男性を逮捕する」、② interdisons ce radar「このレーダーを禁止する」、③ n'avons rien à dire「なにも言うことがない」です。第 3 文で見たように、警察は Willem 氏の自宅に設置された偽レーダーを好ましいとさえ思っているようですので、もちろん正解は③です。得点率は 5 問中もっとも高く、73%でした。

全 5 問の平均得点率は 55%で、この設問では過去最低を記録しました。2022 年度春季とくらべると 23 ポイント下がっています。長文問題は毎回どうしても難易度に多少のばらつきが出ます。難問にあたってしまったら、1 つないし 2 つの空欄部分がわからなくても、それ以外では絶対にとりこぼしがないように、前後の文脈をなんとかとらえながら、最後まで読みきることがかんじんです。

解答　(1) ③　(2) ①　(3) ②　(4) ①　(5) ③

6 **解説** 長文を読み、その内容について述べた文が、長文の内容に一致するか否かを判断する問題です。選択式問題で、内容について述べた文は6つ、配点は各問2点、合計12点です。

今回は、高級腕時計を作る職人 Jean-Luc についての話です。

内容について述べた(1)〜(6)の文を長文中の各文と対応させ、日本語訳を付けながら解説していきます。

(1) Selon un journal suisse, les smartphones vont bientôt remplacer les montres.「あるスイスの新聞によると、近いうちにスマートフォンが腕時計に取って代わる」。これについては、第1段落に、À l'époque des smartphones, on pourrait penser que les montres vont disparaître, mais la réalité est différente. Selon un journal suisse, les gens achètent toujours des montres, surtout de luxe.「スマートフォンの時代に、腕時計は消えてなくなると考えてもよさそうなものだが、現実はちがっている。あるスイスの新聞によると、人々はあいかわらず、とくに高級腕時計を買っている」とありますので、内容に一致していません。得点率は88%でした。

(2) Ça fait dix ans que Jean-Luc travaille dans un village près de Genève.「Jean-Luc がジュネーブの近くの村で働いて10年になる」。第2段落第1・2文に、Jean-Luc en fabrique dans un petit village près de Genève. Il s'est installé dans ce village entouré de montagnes il y a dix ans et depuis il y travaille dans son atelier.「Jean-Luc はジュネーブの近くの小さな村でそれ［腕時計］を製造している。彼は山々に囲まれたこの村に10年前に居を構え、以来現地の自分の工房で働いている」とありますので、内容に一致しています。得点率は91%でした。

(3) Jean-Luc a besoin d'un air pur et d'une eau fraîche pour bien travailler.「Jean-Luc はよい仕事をするために澄んだ空気と清涼な水を必要としてい

る」。第 3 文に、Il a choisi cet endroit parce qu'il peut y profiter d'un air pur et d'une eau fraîche, deux éléments nécessaires pour faire des montres dans les meilleures conditions.「彼がこの地を選んだのは、そこでは最良の条件で腕時計を作るために必要な 2 つの要素である澄んだ空気と清涼な水を利用することができるからである」とありますから、内容に一致しています。得点率は 90%でした。

(4) Les montres de Jean-Luc sont composées de plus de 1 000 pièces.「Jean-Luc の腕時計は 1000 以上の部品で構成されている」。第 3 段落第 1 文には、Ce qui est étonnant dans ses montres, c'est que Jean-Luc fabrique lui-même la plupart des 500 pièces qui les composent.「Jean-Luc の腕時計で驚くべきなのは、それを構成している 500 の部品のほとんどを彼自身が製造しいることだ」とあります。腕時計を構成している部品は 1000 個ではなく、その半分の 500 個のようですので、内容に一致していません。得点率は 6 問中もっとも高く、96%でした。

(5) Pour gagner plus d'argent, Jean-Luc est prêt à changer de vie.「もっとお金を稼ぐために、Jean-Luc は生活を変えようと準備している」。第 1 文につづいて第 2～4 文に、C'est pour cela qu'il ne peut pas produire plus de trois montres par mois. Bien sûr, celles-ci coûtent très cher, mais il ne gagne pas beaucoup, juste assez pour vivre et continuer son métier. Et pourtant, il est content de sa vie et ne veut pas changer de façon de travailler.「それゆえに彼は月に 3 つ以上の腕時計を生産することができない。もちろんそれはひじょうに高価なのだが、彼はたくさん稼いでいるわけではなく、生活し、仕事をつづけるのにちょうど足りるほどだ。それでも彼は自分の生活に満足しており、働き方を変えたいとは思っていない」。どうやら Jean-Luc は働き方も生活も変えようとはしていないようですので、内容に一致していません。得点率は 94%でした。

(6) Pour Jean-Luc, le seul intérêt des montres est d'indiquer l'heure.「Jean-Luc にとって、腕時計の唯一の意義は、時刻を示すことである」。本文の末尾、第 5・6 文に、Pour Jean-Luc, une montre n'est pas un simple appareil qui donne l'heure. C'est une véritable œuvre d'art.「Jean-Luc にとって、腕時計

は時刻を教えるたんなる器具ではない。それは真の芸術作品なのである」とあります。したがって、内容に一致していません。得点率は6問中もっとも低く、75%でした。

全6問の平均得点率は89%で、2022年度春季とくらべると8ポイント上がっています。正誤の2択問題では、できれば全問とりこぼしがないように、確実に得点を重ねておきたいところです。

解答　(1) ②　(2) ①　(3) ①　(4) ②　(5) ②　(6) ②

7　**解説**　会話文の空欄にあてはまるもっとも適切な語句を、それぞれ3つの選択肢から選ぶ問題です。空欄は5つ、配点は各問2点、合計10点です。

今回は、自宅の真下に地下鉄が通ることになったAntoineと、Vincentとの会話です。話の筋をたどりながら順に見ていきましょう。

Antoineが、Vincent, j'ai reçu hier une lettre qui me demande une chose un peu étrange.「Vincent、きのう手紙を受け取ったんだけど、ちょっと変なことを依頼しているんだ」と話しかけるところから会話が始まっています。これにつづくVincentの質問 (1) ? がそのまま空欄になっています。まず選択肢を見ると、① Pourquoi pas「なぜそうでないのか、だめなわけがない」、② Qu'est-ce qu'il y a「どうしたの」、③ Tu trouves「そう思う」とあります。この直後にAntoineは、On veut acheter le terrain sous ma maison pour y faire passer un nouveau métro.「新しい地下鉄を通すために、うちの家の地下の土地を買いたいんだって」と言っていますので、Vincentの質問は、「変な依頼」の具体的な内容を引き出すためのものだったと考えられます。したがって正解は②です。直訳すれば「何があるのか」ですが、このように、何が問題になっているのか、あるいは話題になっている事柄の具体的な内容や詳細を聞くときに、いわば合いの手のように用いられます。得点率は5問中もっとも高い79%でしたが、80%にとどきませんでした。

Vincentは、Ah bon ? Je ne savais pas qu'on était aussi propriétaire du sous-sol de son terrain.「そうなんだ。自分の土地は地下も所有者だなんて

知らなかった」と言います。つづく Antoine のせりふに空欄があります。Moi (2), ça m'a donc beaucoup étonné.「ぼく（ 2 ）、だからすごくびっくりしたよ」。選択肢のうち、① aussi を使って Moi aussi「私もまたそうだ」とすると、これは前文が肯定文の場合に「私」も同じ状況にあることを表わしますので、ここでは不適切です。前文は否定文ですので、② non plus を選んで Mon non plus「私もまたそうではない」とすると、地下も土地の所有権があることを「君」と同様「ぼく」も知らなかった、「だからすごくびっくりした」と、すんなりつながります。正解は②です。③ si で Moi si とすると、「君」は知らなかったけれども「ぼく」はすでに知っていたことになり、「すごくびっくりした」こととつじつまが合いません。この問題の得点率は5問中もっとも低く、43％でした。

Antoine が Le métro passera dans le tunnel à plus de 18 mètres de profondeur.「地下鉄は18メートル以上の深さのトンネルを通るみたい」と話をつづけると、Vincent は会話を本題にもどす形で、Alors tu vas devenir riche (3) cette vente ?「じゃあこの売り渡し（ 3 ）お金もちになるの？」と質問します。選択肢は、① au lieu de「〜のかわりに」、② grâce à「〜のおかげで」、③ hors de「〜のほかに」となっています。会話の本題は、地下の土地を売ってくれという依頼の手紙でした。地下の土地は高く売れるのかどうかを聞くのが自然な流れですので、正解は②です。得点率は74％でした。

地下の土地は高く売れるのかと聞かれた Antoine は、Pas du tout. Je ne recevrai que 50 euros environ.「ぜんぜん。50ユーロぐらいしかもらえない」と答えます。それに対して Vincent は、(4), c'est vrai que c'est peu.「（ 4 ）、ほんとに少ないね」と、少額しかもらえないことにどうやら同情しているようです。選択肢 ① Ça y est「これでよし」、② C'est dommage「それは残念」、③ Pas mal「悪くない、かなりいい」のうち、この文脈にあてはまるのは②だけですので、これが正解です。得点率は77％でした。

そのあと Vincent は、Mais tu n'as pas peur d'être dérangé par ces travaux ?「でもその工事に煩わされる心配はないの？」と、お金とは別の話題をふります。Antoine が On m'a dit qu'il n'y aurait pas de problème. Mais je suis assez inquiet.「問題はないって聞いた。でもかなり不安」と答えると、Vincentは、(5). Je ne voudrais pas être à ta place.「(5)。君の立場にはなりたくないな」と言っています。選択肢は、① C'est bizarre「それは奇妙だ」、② Je comprends「わかるよ」、③ Ne dis pas ça「そんなこと言うなよ」です。Vincentは、Antoineの不安な気持ちをよく理解しているからこそ、わずかな代金と引き換えに自宅の地下でトンネル工事が始まるAntoineの境遇を、仮に自分が引き受けることになったら、それはいやだな、と言っているわけです。つまり正解は②になります。①と③は、Antoineが地下鉄工事を不安視していることと、Vincentが同じ目には会いたくないと思っていることとを論理的につなぐことばとして適切ではありません。得点率は56%と低調でした。

全5問の平均得点率は66%で、2022年度春季とくらべると13ポイント下がりました。とくに(2)と(5)は、会話の流れの機微をとらえないと解けない問題だったために、多くの受験者がつまずいてしまったようです。ちなみに今回正解はたまたますべて②でした。

解答　(1) ②　(2) ②　(3) ②　(4) ②　(5) ②

書き取り・聞き取り試験

解説・解答

書き取り試験

解説 15 年ぶりにばったり会った旧友と来週食事をしにいくことになったという話です。4 つの文で構成されており、時制は直説法複合過去、半過去、単純未来が用いられています。リエゾンは nous‿étions、Nous‿irons の 2 箇所でした。得点率は 41％で、2022 年度春季とくらべると 5 ポイント下がりました。書き取りは、聞いてすぐに理解する能力と、正確に書く能力が試されます。これらは一朝一夕には身につかない能力ですので、こつこつ練習しつづけるしかありません。

以下、誤りの多かった箇所を中心に解説していきます。

単語のつづりまちがいでは、hasard を *hazard* としたものが多く見うけられました。基本的に、母音と母音にはさまれた s は [z]、それ以外のケースでは [s] と発音することを覚えておきましょう。また、faisait を *fesait* としたものがかなりありました。faire は nous faisons [f(ə)zõ] や半過去の活用で例外的な発音になりますので注意しましょう。

今回は性・数の区別がポイントになる箇所がいくつかあったのですが、そこで誤りが頻発しています。un vieil ami「旧友」の vieil を *vieille* としたものがありました。vieux「古い」は名詞の前にくるタイプの形容詞で、名詞が母音で始まっている場合は男性・単数・第 2 形の vieil を使います。発音は女性・単数の vieille と同じになってしまいます。ami も女性・単数 amie と同じ発音ですので、音で聞く場合、性の区別は不定冠詞部分でするしかありません。書く場合は、un vieil ami / une vieille amie となります。また、最後の prochaine も、*prochain* と男性・単数にしてしまったものがありました。

nous ne nous étions pas vus では、2 つの nous（主語と直接目的補語）と否定の ne の有無や語順の点であらゆる種類のミスがありましたが、過去分詞の vus についても、*vu* としたもののほうが圧倒的に多くありました。確認しておくと、代名動詞を複合過去にする際、再帰代名詞が直接目的補語になっている場合は過去分詞を直接目的補語と性・数一致させます（再帰代名詞が間接目的補語になっている場合はこのかぎりではありません）。ここでは je と言っている人が男性なのか女性なのかはわからないのですが、un vieil ami は男性ですので、nous のうち少なくとも 1 人は男性がいることになり、したがって nous は男性・複数扱いにします。

このことに関連して、複合過去の文で、直接目的補語を人称代名詞にして動詞の前にもってくると、過去分詞はやはり直接目的補語と性・数一致させます。したがって、je l'ai tout de suite reconnu の l' は le がエリジョンしたものですので、reconnu は男性・単数の形になっているわけですが、これを *reconnue* としてしまったものが見うけられました。これはおそらく、vieil ami を vieille amie と取ってしまい、l' を la と考えたためでしょう。文法をよく知っているがゆえのミスであり、残念としか言いようがありません。この箇所では、l'ai を *les* としたものも多く見られましたが、「私」のほかに登場人物は「彼」ひとりですので、見直しをするときに、話の内容からおかしいと気づくべきところでした。

そのほかのまちがいでは、15 を、なぜか *4*、*14*、*40* など、4 のつく数字にしてしまったものが多く見うけられました。

最後に文章全体の日本語訳を付けておきますので、参考にしてください。

「きょう私は道で旧友とばったり会った。15 年会っていなかったのだが、私はすぐに彼だとわかった。私たちは来週いっしょに食事をしにいく。」

解答 Aujourd'hui, j'ai rencontré par hasard un vieil ami dans la rue. Ça faisait 15 ans que nous ne nous étions pas vus, mais je l'ai tout de suite reconnu. Nous irons dîner ensemble la semaine prochaine.

聞き取り試験

1

（読まれるテキスト）

Jade : Tu as déjà trouvé un emploi ?

Gabriel : Oui ! J'en ai trouvé un vendredi dernier !

Jade : Félicitations ! Qu'est-ce que c'est ?

Gabriel : Je vais travailler dans une société canadienne qui vend du fromage et du jambon français en Amérique du Nord.

Jade : C'est une grande société ?

Gabriel : Oui. Elle a une centaine de bureaux et plus de 2 000 employés dans le monde.

Jade : Et quand est-ce que tu commences à travailler ?

Gabriel : Le premier novembre.

Jade : Dans trois mois ? Qu'est-ce que tu comptes faire d'ici là ?

Gabriel : Je vais lire des livres sur l'économie internationale pour bien connaître le marché.

（読まれる質問）

un : Quand est-ce que Gabriel a trouvé un emploi ?

deux : Dans quel genre de société Gabriel va travailler ?

trois : Est-ce que la société où Gabriel va travailler est grande ?

quatre : Quand est-ce que Gabriel commence à travailler ?

cinq : Qu'est-ce que Gabriel compte faire avant de commencer à travailler ?

解説　まず2人の会話を聞き、次にその内容に関する質問を聞いて、あらかじめ問題冊子に印刷されている答えの文を完成させる問題です。今回、質問の数は6つ、空欄の数は8つ、空欄ごとに1点で、合計8点です。それぞれの空欄には1語ずつ記入します。

会話を聞く前に、問題冊子に印刷された答えの文をよく読んでおきましょう。空欄の前後の文脈から、空欄に入る語の品詞やその形（性・数、人称・活用など）がある程度推測できる場合があります。(1)は、空欄の直前のunが一見すると不定冠詞のようですが、動詞部分の前に中性代名詞enがあるので、これと組み合わせると考え、むしろ直後のdernierと結びつくのではないかと予測します。そうすると、語彙の候補がかなりしぼられます。(2)は、最初の空欄の直前には女性名詞société、直後に関係代名詞がありますので、おそらく形容詞の女性・単数形が入ります。2つ目の空欄については、enとdu Nordから女性名詞の国名・地名であろうと目星をつけます。(3)は、名詞でおよそ100あるものと、employés「従業員」の人数でしょう。してみると、主語のElleはおそらくsociétéであり、さらにそれが最初の空欄のヒントになります。(4)は、leとnovembreにはさまれていますので、日付を表わす数詞が入ります。(5)の1つ目の空欄にはl'とinternationaleから母音で始まる女性・単数の名詞が、2つ目にはleから子音で始まる男性・単数の名詞が入ることがわかります。

会話は全部で3回読まれます。聞きながらメモを取るのは大事ですが、メモを取ることに気をとられてかんじんの聞き取りがおろそかになっては本末転倒です。しっかり聞いて理解し、余裕があったらメモを取るくらいの心がまえでのぞむのがよいでしょう。

今回は、最近職を見つけたGabrielと、おそらくその友人であるJadeと会話です。読まれる質問の日本語訳を提示し、問題用紙に印刷されている答えの文の空欄に解答を入れながら、順に見ていきます。

(**1**)の質問は「Gabrielはいつ職を見つけましたか」です。会話の冒頭でJadeがTu as déjà trouvé un emploi ?「もう職を見つけたの？」と尋ねたのに対し、GabrielがOui ! J'en ai trouvé un vendredi dernier !「うん。この前の金曜に見つけたよ」と答えています。正解はIl en a trouvé un (vendredi) dernier. です。*vendradi*、*vandredi*、*vendledi* など、つづりのまちがいが散見しました。得点率は71%でした。

(**2**)の質問は「Gabrielはどのような種類の会社で働くことになるのですか」です。職を見つけたというGabrielにJadeが、Félicitations ! Qu'est-ce que c'est ?「おめでとう！　それは何？」と聞くと、GabrielはJe vais travailler dans une société canadienne qui vend du fromage et du jambon français en Amérique du Nord.「北米でフランスのチーズとハムを売るカナダの会社で働くことになる」と答えています。したがって正解はC'est une société (canadienne) qui vend du fromage et du jambon français en (Amérique) du Nord.となります。1つ目は*canadiene*、*canadianne*といったつづりのまちがいのほかに、*canadien*という性のまちがいもありました。2つ目でもっとも多いまちがいはアクサン記号のない*Amerique*、次いで*Americ*、*Améric*でした。得点率はそれぞれ63%、21%でした。

(**3**)の質問は「Gabrielが働くことになる会社は大きいですか？」です。これついてはJadeがそのままずばり、C'est une grande société ?「それは大きな会社なの？」と質問しています。Gabrielは、Oui. Elle a une centaine de bureaux et 2 000 employés dans le monde.「うん。世界におよそ100のオフィスと2000人の従業員をもっているよ」と答えていますので、正解はOui. Elle a une centaine de (bureaux) et plus de (2 000) employés dans le monde.となります。誤答例として、bureauxを*bureau*と単数にしたものが正答よりもはるかに多くありました。また、*bureaus*もいくつか見られました。これの得点率は7%と惨憺たる結果でした。-au、-eauなどで終わる名詞は基本的に複数形が-sではなく-xになることをあらためて確認しておきましょう。2000については、deux milleと正確につづれば可ですが、deux *milles*では不可です。問題文にあるように、数は算用数字で書くほうが無難です。得点率は55%でした。

(**4**)の質問は「Gabrielはいつ働き始めますか」です。これもJadeがそのままの質問をしています。Et quand est-ce que tu commences à travailler ?「で、いつ働き始めるの？」GabrielはLe premier novembre.「11月1日」と答えていますので、正解はIl commence à travailler le (premier) novembre.です。1^{er}でも可です。日付にかんしては、1日のみ序数で、それ以外は基数で記します。誤答例として、基数で*1*としたものや、女性形*première*にしたものなどがありました。得点率は49%でした。

(**5**)の質問は「Gabriel は働き始める前に何をするつもりですか」です。Gabriel が働き始めるのは 11 月 1 日だと聞いて、Jade は Dans trois mois ? Qu'est-ce que tu comptes faire d'ici là ?「3ヵ月後？ それまで何するつもり？」と尋ねます。Gabriel は Je vais lire des livres sur l'économie internationale pour bien connaître le marché.「市場をよく知るために国際経済についての本を読むよ」と答えています。したがって正解は Il va lire des livres sur l'(économie) internationale pour bien connaître le (marché). です。いずれもアクサン記号のない *economie*、*marche* がもっとも多い誤答でした。得点率はそれぞれ 39%、68%でした。

全 8 問の平均得点率は 47%で、前回の 2022 年春季とくらべて 8 ポイント上がりましたが、それでもまだ 50%を下回っています。8 問のうちせめて半分の 4 問は得点しておきたいところです。1 問 1 点ですので、ほんの少しでもまちがうと 0 点になります。確実に得点するためには、しっかり聞き取ることはもちろんですが、それ以前に、問題冊子に印刷された答えの文に、できるかぎり多くのヒントを見つけておくことがカギとなります。

解答
(1) (vendredi)　(2) (canadienne) (Amérique)
(3) (bureaux) (2000)　(4) (premier)
(5) (économie) (marché)

2

(読まれるテキスト)

Je vais souvent en Asie pour y acheter des thés spéciaux. Je les vends ensuite à de petites boutiques partout en France. Je fais ce travail depuis seulement deux ans, mais j'ai déjà beaucoup de clients.

En général, j'achète 200 kilos de thé en une fois. Le mois dernier, j'ai découvert un thé excellent en Corée du Sud. Son goût est particulier et il est très bon. Cette fois, j'en ai pris 400 kilos.

Mais, jusqu'à maintenant, je n'en ai vendu que 100 kilos. C'est un grand problème pour moi.

Ce matin, j'ai téléphoné à un de mes clients pour lui demander d'acheter mon thé. Il a dit que ce n'était pas possible. Par contre, il m'a parlé d'une dame. Elle s'appelle Catherine. Elle tient une boutique à Lyon. Je vais aller la voir après-demain. J'espère que mon thé lui plaira.

(読まれるテキストの内容について述べた文)

un : Sébastien visite rarement l'Asie.

deux : Les clients de Sébastien sont de petites boutiques françaises.

trois : Sébastien vend du thé depuis longtemps.

quatre : En général, Sébastien achète moins de 100 kilos de thé en une fois.

cinq : Le mois dernier, Sébastien a voyagé en Corée du Sud.

six : Depuis le mois dernier, Sébastien a vendu 300 kilos de thé coréen.

sept : Maintenant, Sébastien n'est pas en difficulté.

huit : Aujourd'hui, Sébastien a téléphoné à un de ses clients.

neuf : La boutique de Catherine se trouve à Lyon.

dix : Sébastien va aller voir Catherine demain.

解説　まず、フランス語のまとまった文章を聞きます。次に、おなじくフランス語の 10 の文を聞いて、それぞれの文が、読まれた文章の内容に一致するかどうかを判断する問題です。各問 1 点、合計 10 点です。

今回は、アジアでお茶を買いつけてフランスで売る仕事をしている

Sébastienの話です。以下、長文の内容に一致するかしないかを問う10の文に日本語訳を付けながら解説していきます。

⑴「Sébastienはめったにアジアを訪れない」。第1段落第1文に、Je vais souvent en Asie pour y acheter des thés spéciaux.「私は特別なお茶を買うためにしばしばアジアに行く」とありますので、内容に一致しません。得点率は71%でした。

⑵「Sébastienの顧客はフランスの小さな小売店である」。第2文に、Je les vends ensuite à de petites boutiques partout en France.「私はそのあとそれをフランスの小さな小売店に販売する」とありますので、内容に一致します。得点率は82%でした。

⑶「Sébastienはずっと以前からお茶を販売している」。第3文に、Je fais ce travail depuis seulement deux ans, mais j'ai déjà beaucoup de clients.「私はこの仕事をわずか2年前からしているが、すでに多くの顧客がいる」とあります。seulementを付しているということは、2年をlongtemps「長い時間」とはとらえていないということですので、内容に一致しません。得点率は72%でした。

⑷「たいていSébastienは1度に100キロ以下のお茶を買う」。第2段落第1文に、En général, j'achète 200 kilos de thé en une fois.「たいてい私は1度に200キロのお茶を買う」とありますので、内容に一致しません。得点率は77%でした。

⑸「先月Sébastienは韓国に旅行した」。第2文に、Le mois dernier, j'ai découvert un thé excellent en Corée du Sud.「先月私は韓国でとびきりのお茶を見つけた」とありますので、内容と一致します。得点率は73%でした。

⑹「先月からSébastienは300キロの韓国茶を販売した」。第2文につづく形で、第3～5文に、Son goût est particulier et il est très bon. Cette fois, j'en ai pris 400 kilos. Mais, jusqu'à maintenant, je n'en ai vendu que 100 kilos.「その味は独特ではあるが、とてもおいしい。今回私はそれを400キロ買っ

た。しかしこれまでに 100 キロしか販売していない」とありますので、内容に一致しません。得点率は 84%でした。

(7)「現在 Sébastien は困難な状況にはない」。第 6 文に、C'est un grand problème pour moi.「それは私にとって大きな問題だ」とありますので、内容に一致しません。得点率は 71%でした。

(8)「きょう Sébastien は顧客のひとりに電話した」。第 3 段落第 1 文に、Ce matin, j'ai téléphoné à un de mes clients pour lui demander d'acheter mon thé.「けさ私は、私のお茶を買ってくださいとお願いするために、顧客のひとりに電話した」とあります。「けさ」というのは「きょう」のことですので、内容に一致します。得点率は 87%でした。

(9)「Catherine の小売店はリヨンにある」。第 1 文につづく形で、第 2～5 文に、Il a dit que ce n'était pas possible. Par contre, il m'a parlé d'une dame. Elle s'appelle Catherine. Elle tient une boutique à Lyon.「それは不可能だと彼は言った。そのかわり、彼はひとりの女性を教えてくれた。彼女の名前は Catherine という。彼女はリヨンで小売店を経営している」とありますので、内容に一致します。得点率は 10 問中もっとも高く、95%でした。

(10)「Sébastien は Catherine にあした会いにいく」。第 6 文に、Je vais aller la voir après-demain.「私は彼女にあさって会いにいく」とありますので、内容に一致しません。得点率は 75%でした。最終第 7 文は、J'espère que mon thé lui plaira.「彼女が私のお茶を気に入ってくれることを願う」です。

全 10 問の平均得点率は 79%で、2022 年度春季とくらべて 3 ポイント上がりました。この設問としてはまずまずのできと言えます。2 択の正誤問題では、どこか 1 箇所でも一致していなければ②になりますので、ある意味簡単に判別できます。①の場合は、すべての要素が一致していないといけませんので、より細心の注意をはらう必要があります。

解答　(1) ②　(2) ①　(3) ②　(4) ②　(5) ①　(6) ②
(7) ②　(8) ①　(9) ①　(10) ②

1次試験配点表

筆記試験	1	2	3	4	5	6	7	小計	書き取り	小計	聞き取り	1	2	小計	合計
	8点	10	10	10	10	12	10	70		12		8	10	18	100

2 次 試 験

試験方法

音　読

問題カードに印刷された35語程度のフランス語の文章を音読します。配点は10点です。

試験の進行は基本的に春季と秋季で同じです。音読する前に、1分間、黙読する時間があたえられます。その間に内容や発音を確認しておきましょう。とくに、リエゾンすべき箇所と、逆に、してはならない箇所をきちんと確認しておきましょう。

また、フランス語は発音の規則がしっかりときまっていますので、日ごろからその規則を意識して音読する習慣を身につけておいてください。本番の試験では、個々のフランス語の発音だけでなく、文章全体のリズムにも留意しつつ、落ちついて読んでください。万一、読みまちがえても、訂正して読みなおすことがゆるされていますので、リラックスして、かつ明瞭な声で発音してください。

質問と答え

問題カードに印刷されたフランス語の文章についての2つの質問と、イラストについての3つの質問の合計5つの質問に答えます。質問と答えのやりとりは、すべてフランス語でおこなわれます。配点は、各質問4点、合計20点です。

各質問には、原則として、主語と動詞をふくむ完全なフランス語の文で答えてください。日常会話ならば主語や動詞をはぶいて答えても会話として成立することはありますが、ここでは正しくフランス語の文を構成する能力のあるなしが審査されていると考えてください。

また、質問のなかにでてくる名詞を答えのなかで繰り返す場合、代名詞にするほうが自然です。その名詞の性・数に合わせた代名詞に置きかえることができるかどうかも審査の対象となります。

印刷されたフランス語の文章についての質問は、ほとんどの場合、文章中に答えを見つけることができます。ただし、文章中の一部をそのまま抜きだしただけでは答えとしてふさわしくない場合もありますので、質問に応じてふさわしい形に整えて答えてください。

イラストについての質問は、qu'est-ce que、qu'est-ce qui、combien といった疑問詞をふくむもの、あるいは時刻や天候を問うものなど、だいたいパターンがきまっています。描かれた人やものの位置関係、あるいは数などに注意するのはもちろんですが、名詞の性・数や、冠詞にも気を配ってください。

解　説

A

音　読

息子の Julien は日曜に 1 日じゅう駅にいるほど列車が大好きで、将来は鉄道の仕事をするのが夢という内容の文章です。第 4 文の quand‿il のところでかならずリエゾンしますが、[d] ではなく [t] の発音でのリエゾンになりますので気をつけてください。

質問と答え

音読した文章についての質問

Question 1 : Pourquoi est-ce que Julien se lève très tôt le dimanche ?「なぜ Julien は日曜にとても早く起きるのですか」という質問です。第 2 文後半の従属節をそのまま使い、Parce qu'il va à la gare.「なぜなら彼は駅に行くからです」と答えます。Pourquoi で尋ねられた疑問ですので、Parce que を省略すると減点の対象になります。

Question 2 : Qu'est-ce que Julien rêve de faire quand il sera grand ?「Julien は大きくなったら何をすることを夢見ていますか」という質問です。これも第 4 文をそのまま使って、Il rêve de travailler dans les chemins de fer.「彼は鉄道で働くことを夢見ています」と答えます。quand‿il sera grand はあってもなくてもかまいませんが、リエゾンの箇所がふくまれていますので、付ける場合には発音に注意しましょう。自信がないなら、付けないほうが無難です。les chemins de fer は、これでひとまとまりですので、de fer を省略することはできません。travailler dans les chemins de fer「鉄道で働く」のと、travailler dans les chemins「道で働く」のとでは、まったく意味がちがいます。

イラストについての質問

Question 3 : Le garçon à gauche, qu'est-ce qu'il fait ?「左側の少年は何をしていますか」という質問です。カメラを手に写真を撮っていますので、Il prend une photo. と答えます。une photo は複数の des photos にしてもけっこうです。また、列車の写真を撮っているように見えますので、photo(s) に d'un train を付け加えてもかまいません。「列車を撮る」の言い方にはほかにも、Il prend un train en photo. や Il photographie un train. などがあります。これらの文の un train は le train とすることも可能です。

Question 4 : Quelle heure est-il ?「何時ですか」という定番の質問です。時計は 12 時 15 分を指しており、イラストでは明らかに日中ですので、Il est midi et quart. あるいは Il est midi quinze. が正解です。Il est douze heures quinze. も可ですが、なぜか Il est *douze heures et quart*. という言い方はしません。

Question 5 : Qu'est-ce qu'il y a dans le ciel ?「空には何がありますか」という質問です。青空に太陽が見えますので、Il y a le soleil. と答えます。dans le ciel を付けてもかまいません。天体の太陽を指す場合には定冠詞でなければなりませんので、Il y a *un* soleil. は不可です。部分冠詞の付いた Il y a *du* soleil. という表現もありますが、それは「天気がよい」の意味なので、この質問の答えとしてふさわしくありません。

解答例 （　　）内は省略可。[　/　] は / の左右どちらでも可。

Question 1 : Parce qu'il va à la gare.

Question 2 : Il rêve de travailler dans les chemins de fer (quand‿il sera grand).

Question 3 : Il prend [une photo / des photos] ([d'un / du] train).

Il prend [un / le] train en photo.
Il photographie [un / le] train.

Question 4: Il est midi [et quart / quinze].
Il est douze heures quinze.

Question 5 : Il y a le soleil (dans le ciel).

B

音　読

Léna は中学校のクラスといっしょに演劇をすることになっていて、王様役の彼女の衣装は母親が赤いドレスを貸し、マントは叔父がカーテンで作るのを手伝ってくれるという内容の文章です。第 4 文の Son‿oncle はかならずリエゾンします。

質問と答え

音読した文章についての質問

Question 1 : Avec qui Léna va faire du théâtre ?「Léna はだれといっしょに演劇をすることになっていますか」という質問です。第 1 文を使って、Elle va faire du théâtre avec sa classe au collège.「彼女は中学校のクラスといっしょに演劇をすることになっています」と答えます。au collège はなくてもかまいません。この場合の sa classe は集合名詞的に「クラスメイト（全員）」の意味で使われています。主語・動詞を省略した Avec sa classe. だけでは解答として不十分です。完全な文で答えてください。

Question 2 : La robe de sa mère est de quelle couleur ?「彼女の母親のドレスは何色ですか」という質問です。第 2 文を参照しますが、そのままの形で使うことはできません。質問の構文に合わせて、Elle est rouge. とすれば正解です。主語は、「彼女（＝母親）のドレス」の意味で、Sa robe としてもけっこうです。

イラストについての質問

Question 3 : Vous voyez combien de cadeaux sous l’arbre de Noël ?「ク

リスマスツリーの下にいくつのプレゼントが見えますか」という質問です。プレゼントの箱が「2 つ」であることは容易に見てとれますが、問題は答え方です。Vous voyez... で尋ねられていますので、正確な答えは、J'en vois deux. となります。中性代名詞 en を使わずに Je vois deux cadeaux. としてもけっこうです。いずれにしても、2 人称での疑問には 1 人称で答えるのが原則です。しかしながら、今回の試験では、かなりの数の受験者が Il y en a deux. あるいは Il y a deux cadeaux. と答えてしまったようです。実際の会話ではこれでも通じるわけですが、これは語学の検定試験ですので、文法的に正確な解答が求められます。質問の内容だけでなく、形式にも十分注意しましょう。

Question 4 : Le garçon à gauche, qu'est-ce qu'il fait ?「左側の少年は何をしていますか」という質問です。クレヨンで紙に何か描いているようですので、Il dessine. もしくは Il fait un dessin. が正解です。un dessin は複数 des dessins にしてもかまいません。鉛筆やクレヨンで絵を描く、いわゆる「線描」を表わすには、動詞なら dessiner、名詞なら dessin (m.) を用います。これも相当数の受験者が Il *peint*. もしくは Il fait *de la peinture*. と答えてしまったようです。peindre、peinture (f.) は、絵の具を付けた筆で塗るように「描く」ことを表わします。また、Il *écrit*. と解答した受験者もいましたが、動詞 écrire は文字を「書く」ことを表わしますので、やはりこの問題の解答としては不適切です。ちなみに、「鉛筆」はフランス語では crayon (m.)、「クレヨン」は pastel (m.) もしくは crayon de pastel です。

Question 5 : Qu'est-ce qu'il y a à côté du garçon ?「少年の横には何がありますか」という質問です。少年といっしょに寝そべっている犬が見えますので、Il y a un chien. と答えます。à côté de lui を付けてもけっこうです。

解答例　(　　) 内は省略可。[/] は / の左右どちらでも可。

Question 1 : Elle va faire du théâtre avec sa classe (au collège).

Question 2 : [Elle / Sa robe] est rouge.
Question 3 : J'en vois deux.
Je vois deux cadeaux.
Question 4 : Il dessine.
Il fait [un dessin / des dessins].
Question 5 : Il y a un chien (à côté de lui).

学校別受験者数一覧

2022 年度春季　<大学・短大別出願状況>

出願者数合計が 10 名以上の学校を抜粋しました（50 音順）。

	学校名	合計		学校名	合計		学校名	合計
団体	愛知県立大学	16		神戸市外国語大学	11	団体	長崎大学	40
	愛知大学	19	団体	国際教養大学	33	団体	名古屋外国語大学	30
団体	青山学院大学	73		滋賀医科大学	28		名古屋大学	10
団体	秋田大学	13	団体	順天堂大学	16	団体	奈良女子大学	10
団体	跡見学園女子大学	14	団体	上智大学	71	団体	南山大学	29
団体	茨城キリスト教大学	18	団体	昭和女子大学	31		新潟大学	10
	岩手大学	13	団体	白百合女子大学	78		日本女子大学	14
団体	愛媛大学	10	団体	椙山女学園大学	20	団体	日本大学	27
団体	大阪教育大学	11	団体	成城大学	44	団体	広島修道大学	10
団体	大阪大学	40	団体	聖心女子大学	27	団体	広島大学	14
団体	お茶の水女子大学	38	団体	西南学院大学	21	団体	フェリス女学院大学	14
	香川大学	15		大東文化大学	18	団体	福岡大学	31
団体	学習院大学	63	団体	千葉大学	16	団体	法政大学	41
団体	金沢大学	20	団体	中央大学	63		北海道大学	13
	関西大学	15		筑波大学	13		松山大学	10
	関西学院大学	45		津田塾大学	16	団体	武庫川女子大学	12
団体	九州大学	17	団体	都留文科大学	11	団体	武蔵大学	43
団体	京都外国語大学	68	団体	帝京大学	15	団体	武蔵野美術大学	13
団体	京都産業大学	32	団体	東海大学	22	団体	明治学院大学	90
団体	京都女子大学	15		東京外国語大学	14	団体	明治大学	108
団体	京都市立芸術大学	13		東京大学	41		盛岡大学	12
団体	京都大学	25		東京都立大学	17	団体	立教大学	71
団体	共立女子大学	33		同志社大学	22	団体	立命館大学	39
	近畿大学	13		東北大学	109	団体	龍谷大学	12
団体	金城学院大学	35		東洋大学	48	団体	早稲田大学	136
団体	群馬県立女子大学	10	団体	獨協大学	59			
団体	慶應義塾大学	138	団体	長崎外国語大学	32			

2022 年度春季　<小・中・高校・専門学校別出願状況>

出願者数合計が 5 名以上の学校を抜粋しました（50 音順）。

	学校名	合計		学校名	合計		学校名	合計
団体	アサンプション国際中学校・高等学校	37	団体	慶應義塾高等学校	5	団体	日本外国語専門学校	21
団体	埼玉県立伊奈学園総合高等学校	28		慶應義塾湘南藤沢中・高等部	7	団体	福島県立福島南高等学校	29
団体	東京都立桜修館中等教育学校	5		慶應義塾女子高等学校	5	団体	雙葉中学校・高等学校	12
団体	大妻中野中学校・高等学校	39	団体	啓明学園中学校・高等学校	14	団体	北海道札幌国際情報高等学校	8
	学習院女子中・高等科	11		神戸国際中学校・高等学校	12	団体	神奈川県立横浜国際高等学校	33
団体	カリタス女子中学高等学校	80	団体	岩手県立不来方高等学校	6	団体	立命館宇治中学校・高等学校	20
	神田外語学院	12	団体	白百合学園中学高等学校	83	団体	埼玉県立和光国際高等学校	5
団体	暁星国際中学・高等学校	5	団体	聖ウルスラ学院英智高等学校	56	団体	早稲田大学高等学院	13
団体	暁星国際流山小学校	14	団体	聖ドミニコ学園中学高等学校	30			
団体	暁星中学・高等学校	42	団体	同志社国際中学校・高等学校	6			

2022 年度秋季　＜大学・短大別出願状況＞

出願者数合計が 10 名以上の学校を抜粋しました（50 音順）。

	学 校 名	合計		学 校 名	合計		学 校 名	合計
団体	愛知県立大学	29		滋賀医科大学	15	団体	富山大学	21
	愛知大学	23		島根大学	81	団体	長崎外国語大学	26
団体	青山学院大学	92	団体	順天堂大学	191	団体	長崎大学	33
団体	秋田大学	11	団体	上智大学	101	団体	名古屋外国語大学	28
団体	亜細亜大学	54	団体	昭和女子大学	34	団体	奈良女子大学	16
団体	跡見学園女子大学	36	団体	白百合女子大学	89	団体	南山大学	41
団体	茨城キリスト教大学	39	団体	椙山女学園大学	19		新潟大学	10
	岩手大学	13	団体	成城大学	73		日本女子大学	24
団体	愛媛大学	14	団体	聖心女子大学	38	団体	日本大学	56
団体	大阪教育大学	18	団体	西南学院大学	29	団体	広島修道大学	13
団体	大阪大学	96		専修大学	23	団体	広島大学	10
団体	お茶の水女子大学	38	団体	創価大学	10	団体	福岡女子大学	20
団体	学習院大学	160		大東文化大学	31	団体	福岡大学	73
団体	神奈川大学	10	団体	拓殖大学	73		福島大学	10
団体	金沢大学	26	団体	千葉大学	14	団体	法政大学	50
	関西大学	26	団体	中央大学	106		北星学園大学	20
	関西学院大学	63		中京大学	10		松山大学	15
団体	神田外語大学	12		津田塾大学	22	団体	武庫川女子大学	82
団体	九州大学	39	団体	帝京大学	29	団体	武蔵大学	57
団体	京都外国語大学	60	団体	東海大学	44	団体	武蔵野美術大学	10
団体	京都産業大学	112		東京外国語大学	10	団体	明治学院大学	116
団体	京都女子大学	20		東京大学	47	団体	明治大学	173
団体	京都大学	24		東京都立大学	15		名城大学	14
団体	共立女子大学	51		東京理科大学	13		盛岡大学	14
	近畿大学	15	団体	同志社女子大学	12	団体	山形大学	44
団体	金城学院大学	41		同志社大学	33		横浜国立大学	13
団体	慶應義塾大学	346	団体	東北学院大学	11	団体	立教大学	216
	神戸市外国語大学	11		東北大学	177	団体	立命館大学	67
団体	國學院大學	11		東洋大学	85	団体	龍谷大学	11
団体	国際教養大学	37	団体	常葉大学	21	団体	早稲田大学	276
団体	駒澤大学	10	団体	獨協大学	58			

2022 年度秋季　＜小・中・高校・専門学校別出願状況＞

出願者数合計が 5 名以上の学校を抜粋しました（50 音順）。

	学 校 名	合計		学 校 名	合計		学 校 名	合計
団体	アサンプション国際中学校・高等学校	26	団体	暁星国際流山小学校	16	団体	聖ウルスラ学院英智高等学校	5
団体	埼玉県立伊奈学園総合高等学校	16	団体	暁星中学・高等学校	38	団体	聖ドミニコ学園中学高等学校	25
団体	大妻中野中学校・高等学校	74	団体	慶應義塾高等学校	7	団体	兵庫県立宝塚西高等学校	8
	学習院女子中・高等科	5		慶應義塾湘南藤沢中・高等部	8	団体	日本外国語専門学校	17
団体	神奈川県立神奈川総合高等学校	5		慶應義塾女子高等学校	8	団体	東京都立日比谷高等学校	17
団体	カリタス小学校	58	団体	神戸海星女子学院中学・高等学校	69	団体	雙葉中学校・高等学校	7
団体	カリタス女子中学高等学校	102		神戸国際中学校・高等学校	7	団体	東京都立三田高等学校	19
	神田外語学院	11	団体	岩手県立不来方高等学校	5	団体	神奈川県立横浜国際高等学校	25
団体	東京都立北園高等学校	12	団体	湘南白百合学園中学・高等学校	14	団体	流通経済大学付属柏高等学校	6
団体	暁星国際小学校	7	団体	白百合学園中学高等学校	129	団体	埼玉県立和光国際高等学校	10
団体	暁星国際中学・高等学校	7	団体	大阪府立住吉高等学校	10	団体	早稲田大学高等学院	74

文部科学省後援
実用フランス語技能検定試験
2023年度版2級・準2級
仏検公式ガイドブック

定価　2,970円
（本体2,700円＋税10％）

2023年4月15日 発行
編　者
発行者　公益財団法人　フランス語教育振興協会

発行所　公益財団法人　**フランス語教育振興協会**
〒102-0073 東京都千代田区九段北 1-8-1 九段101ビル 6F
電話（03）3230-1603　FAX（03）3239-3157
https://apefdapf.org

発売所　（株）**駿河台出版社**
〒101-0062 東京都千代田区神田駿河台 3-7
振替口座 00190-3-56669番
電話（03）3291-1676（代）　FAX（03）3291-1675
http://www.e-surugadai.com
ISBN978-4-411-90304-4　C0085　￥2700E

2級・準2級の音声の聞き方

書き取り・聞き取り問題の音声の番号は以下のとおりです。

2級：2022年度春季 問題

❶ 書き取り 全文
❷ 書き取り ポーズ入り
❸ 聞き取り 1 Claireへのインタビュー
❹ 聞き取り 1 質問(1)〜(5)
❺ 聞き取り 1 質問(1)〜(5)ポーズ入り
❻ 聞き取り 2 Henriの話
❼ 聞き取り 2 内容について述べた文(1)〜(10)

2級：2022年度秋季 問題

❽ 書き取り 全文
❾ 書き取り ポーズ入り
❿ 聞き取り 1 AnneとXavierの対話
⓫ 聞き取り 1 質問(1)〜(5)
⓬ 聞き取り 1 質問(1)〜(5)ポーズ入り
⓭ 聞き取り 2 Mariusの話
⓮ 聞き取り 2 内容について述べた文(1)〜(10)